雜訊時代的高效資料整理術

精準掌握二成黃金資訊的39個法則

鈴木進介●著
鍾嘉惠●譯

前言 現在正是練就不受資訊擺布之力的時候！

這是一九七八年諾貝爾經濟學獎得主賀伯・賽門所說的話。

意思是資訊量愈多，就愈難去注意每一則訊息。這句話給了我們一個很重要的啟示。

「資訊豐富會造成注意力匱乏」

每天都有無數訊息從掌心那方小螢幕自然而然映入我們眼簾，即使我們沒有意識到。再者，如果不能明確表達出想傳達事情的本質，那麼在社群網站上發再多的文章，恐怕也會淹沒在資訊的洪流中，無人理會。

我稱這些「**多餘且沒有價值的資訊**」為「**雜訊**」。

二〇二二年的現在，世界正如開頭那句一九七〇年代所說的，滿是雜訊，使得要認清資訊的本質變得很困難。

特別是在商業社會，我們生活在必須不受雜訊影響地輸入（吸收資訊：閱讀、觀看、聽聞等）和輸出（產出資訊：講話、寫作、行動等），否則連生存都有困難的時代。

在良窳雜陳的資訊中「辨識何者具有價值的能力」，說它是在這個社會上生存的必備技能應該不為過。

你有能力從氾濫的資訊中辨識出「本質」嗎？你是否具備能在嚴酷的資訊社會中生存的思維方式？

在這本書中，我將提供武器，讓各位在資訊洪流來襲下仍能不受雜訊擺布地取得成果。

我有許多客戶都可以快速輕易地取得成果。

高度覺醒、高學歷且任職於大企業的人；用很短的時間使公司壯大的企業家；成為專業領域權威的自由工作者。雖說類型各式各樣，但在旁觀者看來，都覺得他們取得成果的過程瀟灑利落。

大眾總是讚嘆他們「真聰明」，然而，他們的成功真的只靠「聰明」嗎？我對此抱持懷疑，於是觀察那些在短時間內取得成果的人。結果，發現他們都有一個共同點。

那就是**會動腦設法「辨別能帶來成果的『核心資訊』」**。

從玉石混雜的資訊中漸漸抓住要點——**「簡單說，這項資訊中最重要的就是○○」**，並且得將要點的部分單純化。由於在資訊過剩的狀態下仍能非常**簡單地抓住要點**，所以工作的速度也很快。

如果要輸入所有資訊，再將想傳達的訊息全部輸出，時間再多都不夠用。

總而言之，能取得成果的人，「**運用資訊的能力**」肯定勝過他人。

以前，京瓷創辦人稻盛和夫曾如此斷言：

「**笨蛋會把單純的事想得很複雜。普通人是把複雜的事想得很複雜。聰明人則是把複雜的事簡單化。**」

一如上述，真正聰明的人即使處在資訊過剩的時代也有能力運用資訊，簡單地掌握本質。正因如此才能取得成果。

今後的世界，人可能會分為兩類。

- **為假訊息時喜時憂，受過量資訊左右的人**
- **只掌握自己認為有價值的資訊，做出最大成果的人**

你想要成為哪一類人呢？

25歲初出茅廬就意氣風發地創業的我，顯然是前者。只看重資訊的量，意圖確立自己的地位。

奇怪的是，我盲目地吸收愈多資訊，業績和收入愈是成反比地下滑。只是藉由接觸龐大的資訊來滿足求知欲，對此感到自我滿足罷了。

創業的兩年後，我開始從事顧問工作，有一天客戶這麼跟我說：

「你只是說出某家報紙或商管書裡有的內容，並沒有賦予價值。必須從吸收的資訊中簡單地掌握有價值的訊息，把它轉化成自己的東西才行。」

從此以後，我開始把工作的重心擺在簡單理解資訊，掌握資訊的本質再用自己的語言輸出。

於是，幾年後我再次遇到那位客戶時，被他誇獎說：「鈴木先生已是一位思考整理家®了呢。」我也透過研習和寫作，教導人如何用簡單思考來處理資訊。

本書也包含了我自己的經驗，是以「**任何人都能實踐的實用書**」為目標來書寫。

我衷心希望本書能成為各位在這個複雜而嚴酷的社會生存下去的武器。

雜訊時代的高效資料整理術 ● 目次

第1章

大部分資訊都是雜訊

第2章

花較少精力輸入的祕訣

【輸入篇】

第3章

挑選有用資訊的祕訣【整理篇】

第4章

用最少資訊獲得最大輸出的方法【輸出篇】

第5章

遠離雜訊的技術

■書籍設計 萩原弦一郎（256）
■圖版 田中まゆみ
■排版 株式会社RUHIA
■校對 鷗来堂

第 1 章

大部分資訊
都是雜訊

1

我們一天接收的資訊量是平安時代人一輩子的分量

「**現代人一天接收的資訊量是平安時代人一輩子、江戶時代人一年的分量**」

我們現在活在一個資訊過剩的環境中，以至於出現上述這樣的描述。我想各位應該可以實際想像那資訊量有多龐大吧？

如果每天接觸智慧型手機的訊息通知、社群網站大量傳來的動態時報，相信更能深切地感受到。而且，據說九〇％的數位資訊都是在最近兩年內出現和更替，可見資訊社會有多麼瞬息萬變。

然而，現代人的腦並沒有隨著資訊量增加而變大或運轉得更好，因此**不論日常生活和工作的各種場面，我們都必須好好地與資訊打交道**。

有句話叫「**資訊爆炸**」。

指的是人類產製的資訊數量在ＩＴ技術的進化下爆炸性增加的現象。

資訊爆炸的狀態乍看似乎很便利。因為過去必須專程上圖書館找資料、到處去問人，或是要花十年以上親身經歷才能取得的知識，現在三秒就能達成。通訊速度高速化和智慧型手機的普及，更進一步加快資訊增加的速度。

然而隨著資訊量的增多，管理資訊變得更加困難，而且會**愈來愈難找到自己真正想要的資訊**。

此外，我們只要拿起智慧型手機，不必刻意搜尋，資訊就會自動躍入我們的視野。**要辨別什麼訊息重要、什麼訊息不需要也更為困難，甚至產生大腦被訊息搞亂的風險**。

我們活在一個「資訊爆炸的時代」。

「智慧型手機疲勞」和「資訊疲勞」

由於智慧型手機的螢幕顯示出一則快訊：「日本人在東京奧運奪得首面金牌！」我很好奇便點開頁面。而當我在看比賽結果時，一旁跳出知名藝人因外遇分居的消息，因而忍不住擊點連結，結果這下子頁面換成顯示大樓新到售屋案的廣告。

這是二〇二一年夏天我在寫作本書時的某日發生的事。

「欸？我本來想看什麼來著？」

不需要的訊息就這樣從小小的螢幕間不容髮地入侵我們的大腦。結果迷失了本來的目的，連專注力都被奪走。怪不得本書的寫作一直進展不順，對不起……（淚）。

我順便查看最近一週使用智慧型手機的時間──「平均四個小時」。如果是iPhone手機，利用螢幕使用時間功能，還可查看各類別App的使用時間。一看細項，發現七成用於社群網站，兩成是資訊和閱讀，一成是提高工作效率。

「欸？這豈不是完全沒在工作！」

只是慣性式地接觸毫無意義的資訊，浪費時間。

一個月中除了工作以外，使用App的時間占整體的九成，平均一天「大約三・六個小時」。以一個月來看就是「一〇八個小時（三・六小時×三十天）」，一年就是「一二九六個小時（一〇八小時×十二個月）」。換算成天數竟然有五十四天。我竟駭人地成了一個「**手機奴**」。

自從智慧型手機誕生，我們便處於「**經常在線**」的狀態，可以大量地接收訊息。有不懂的問題可以立即查詢，迅速收集各種資訊，在這一點上，智慧型手機普及前和普及後感覺恍如隔世。

不過在此同時，智慧型手機的害處也漸漸浮上水面。

連不需要的訊息也擅自進入我們的視野，到達大腦。原本想更有效率地工作，卻反而沉溺在資訊中，甚至使工作停滯不前。

「我剛才到底想查什麼來著？」

「雖然收集到很多資訊，可是要怎麼把這些資訊整理成可以輸出的形式？」

這就是雖然能透過智慧型手機等取得很多資訊，但最後沒有做出成果，只留下徒勞感的情況。

這些情況有時會被稱為「**智慧型手機疲勞**」或「**資訊疲勞**」。

你是否也有過這樣的經驗？

智慧型手機同時存在「效率佳」（可以輕易連上許多資訊）和「效率低落」（沒用的資訊多，想要的資訊不易搜尋）的特性，因此它既可成為「**飛行工具**」，也可成為「**雜訊**」。

你是把它當作「飛行工具」善加利用，以迅速接觸到真正必要的資訊？

還是沉溺於資訊中，老是吸收「垃圾訊息」呢？

有必要小心處理智慧型手機。

不過，請各位千萬別誤會。**我的意思並非不能使用智慧型手機，而是要注意使用智慧型手機收集資訊的方法**。

一起來思考，在不過度倚賴智慧型手機的情況下如何辨別自己需要的資訊吧。

智慧型手機是「飛行工具」也是「雜訊」，端看你如何使用。

3

「也許有一天會用到……」到頭來都不會用

「資訊很多不表示全都是有用的資訊。」

即使明白這道理，但就是會有「手邊有許多資訊便覺得安心」的想法，不是嗎？

工作上如果有不明白的地方，可以在掌握到的資訊中找答案，而最重要的是，擁有眾多資訊也會增加知識，帶來自信。

不過，這同時也會成為我們在處理資訊上的陷阱。

雖然不知道何者是有效的資訊，但基於**「緊急情況下手中沒半點資訊一定會很困擾，『也許哪天會用到』便先存起來」的想法**，不斷收集資訊。而且**收集得愈多就愈安心，愈有自信，因此獲得資訊會讓人很有成就感**。

一得到新的資訊，人的求知欲便被勾起，還會不自覺地感到愉悅。說它像是飲酒之後那種舒暢的感覺應該比較容易想像吧？

當我們學習新的事物，大腦就會分泌多巴胺。多巴胺是一種腦內神經傳導物質，主要作用在於活化讓人感到愉悅的大腦獎勵系統細胞。

當我們獲得新的資訊，大腦立刻得到快樂做為「報酬」，因而產生想知道更多的欲望。最後每次點擊電腦或手機的頁面，大腦便分泌出多巴胺，於是我們漸漸愛上點擊這個動作（安德斯．韓森著、久山葉子譯《スマホ脳》／新潮社（新潮新書）／二〇二〇年，第72～73頁；繁體中文版為《拯救手機腦》／究竟）。

就這樣，我們在腦中惡魔「也許哪天會用到……」的低語下，不知不覺被收集資訊奪走時間，輸出時也是在資訊紊亂的情況下，導致傳遞出的內容失焦。**模稜兩可的輸入只會招致模稜兩可的輸出**。

我希望各位在此先冷靜想一想。

以往至今的工作中以為「哪天或許會用到……」而儲存的資訊，全部都有使用嗎？多數資訊都偏離工作的目的和目標，不是嗎？

至少，我**不記得曾用過那些「也許哪天會用到……」不知為何收集的資訊**。

這是大約十年前我去某公司演講時發生的事。

一個小時的演講結束後，幾位朋友來問我問題，主要意思大同小異：「我在您的演講中做筆記，但中途就跟不上了，沒有全部記下。請問第○○頁的投影片上您說的重點是什麼？」

經我細問，發現他們因為難得聽演講，「覺得或許哪天會用到……而想全部記錄下來」。

我回答：「或許哪天會用到……因為這麼想而收藏的資訊，大概都不會用。建議先篩選自己認為重要的主題再做記錄，或是選出自己認為重要的前三名等，先縮小範圍。反正很快就會忘記，而且大概都會覺得重看摘要很麻煩，不會重看。」於是聽講者都帶著滿意的表情離開。

不僅在收集資訊的輸入時要抱持這種態度，企業內的報告、聯絡、商量或簡報等輸出的時候也一樣。

我們往往認為「準備好的資訊要全部傳達。因為可能有人會深入追問沒提到的部分，而且說不定是別人以後用得到的資訊，那樣做才貼心」。

不過真是如此嗎？

當你試圖傳達所有的資訊時，站在聽眾的立場會覺得：「結果你到底想說什麼？不太清楚談話的核心要義」，有可能**因為資訊過多，導致對方什麼也沒聽懂**。

我希望各位想像一下，始終不處理以為「說不定以後會穿」而買回家的衣服，導致衣櫥抽屜都塞滿的狀態。你有辦法在那種狀態下很快地找到想穿的衣服嗎？工作上也完全相同。

「也許哪天會用到」，和「為了以防萬一」時保險起見的心理是一樣的。

為了「保險起見」的輸入和輸出，會產生額外的「時間成本」——搜尋想得到的資訊，和向別人傳達時的「溝通成本」——為了傳達所花費的勞力和時間。

以為「也許哪天會用到……」

而收藏的資訊會有害工作。

4

「先搜尋再說」的話會毫無所獲

由於智慧型手機的普及，現在我們可以立即上網搜尋自己想知道的事物。

雖然相當便利，但同時偶爾也會產生不便之處。就是「**資訊收集過多，卻找不到可用的資訊**」。

「隨時隨地」都能搜尋的另一面是，花費大量時間查資料，卻不一定能找到可用的資訊。這時會有**「也許『哪天』會找到有益的資訊」，因而無止盡地收集資訊的風險**。

有位客戶的事件令我印象深刻。

A先生順利累積資歷，30多歲時被任命為開拓銀髮族市場計畫小組組長，希望找到開拓新市場的切入點，於是意氣風發地著手收集資訊。他試圖取得「銀髮族市場現況」和「哪裡有商機」的線索，並與組員們分頭開始搜尋資料，但過了一陣子，他愁眉苦臉地來找當時負責指導計畫的我商量。

「我各方查詢，但不知道收集資訊的範圍應該擴大到什麼程度。雖然我一搜尋就會找到許多資訊……」，他的神情中透露出焦急之色。

我仔細一問，發現他用「銀髮族、商務」和「針對銀髮族、新事業」這類籠統的關鍵詞搜尋，所以只是收集到海量的資訊。

當然，像這樣搜尋偶爾也可能一下就找到有益的資訊。不過那只是碰巧。何況，即使每次搜尋結果所顯示的前幾筆都是有益的資訊，但這表示其他人也接觸到同樣的資訊，因此工作表現不會具有獨特性。

順帶提一下，在我寫作本書的時間點，搜尋「銀髮族、商務」會跑出約七千萬筆資料。這樣根本找不到有意義的資訊。

為了找到有益的資訊，需要先**定義什麼是有益的資訊**。換言之，就是**在搜尋前建立假設，定出搜尋的方向**。

比方說，像這樣建立假設：「在銀髮族增加的社會可以預想到哪些情況？↓很多人下半身漸漸無力，無法出門購物→宅配比率應該會升高→銀髮族的智慧型手機持有率上升，所以網路購物的需求可能增加？」

如果事前建立假設，第一個要搜尋的方向即可縮小為「專為銀髮族設計的智慧型手機的網路購物事業」。

之後如果再進一步將調查範圍具體化，如「銀髮族購物實態」、「網路購物公司的動向」等，便能防止在大量的資訊中迷路。

● **只是搜尋＝淨顯示劣質資訊（雜訊）**
● **先建立假設的搜尋＝找到優質資訊**

重要的是事先決定要搜尋什麼方向的資訊，縮小範圍，而不是為了收集大量資訊而搜尋。我會在下一章再詳述細節，但搜尋時需要**事先建立充分的假設**。

未建立假設就先搜尋，和未敲定菜單就上超市，看到什麼買什麼是同樣的情形。以做菜為例，如果決定吃「咖哩」，想想需要的食材再去採買的話，就不會買到不必要的東西。

急就章式的搜尋能找到的只是雜訊。

「先搜尋再說」的話
會在大量的資訊中迷路。

八成的資訊皆可丟棄

各位知道「**八〇／二〇法則**」（又稱二八法則、帕雷托法則）嗎？

這是義大利經濟學家維爾弗瑞多・帕雷托（一八四八～一九二三）在十九世紀末發現的法則。他從一八八〇年代歐洲的經濟統計中觀察出，整個社會八成的財富集中在兩成的富人階級與高所得者手中。

據說，同時也是園藝家的帕雷多觀察到自己花園裡八〇%的豌豆收成來自二〇%的豌豆莢，由此發展出這個法則（參閱《野村總研ＨＰ・用語彙整表》）。

這個法則自從問世以來，可以發現到許多領域的人們，愈來愈常利用它來辨別工作中的重要資訊。

●「營業額的八〇％來自二〇％的商品」

●「八〇％的盈餘是由排名前二〇％的優秀員工賺來的」

●「成果的八〇％是在二〇％的時間內完成的」

換句話說，「**在取得成果上真正重要的只有二〇％**」。當然，這數字要表達的是傾向，八〇％和二〇％本身並沒有絕對的意義。有些情況可能是七〇％比三〇％。

不論如何，**在「幾乎不具影響力的多數」和「擁有絕大影響力的少數」的情況下，我們應該傾力於何者？**

這種思考模式正是提升效率以得到最大成果的關鍵。

「資訊」也是如此。就我自己的經驗法則，同樣有「會帶來成果的**『有用資訊』約占整體的兩成，八成都是不需要**」之感。

比方說，我喜歡閱讀，平時自己有主持一個讀書會。讀書會的運作形式是由我先向其他成員簡報自己推薦的書（商管書、紀實文學、歷史書等），然後透過反覆問答，在過程中深化學習。

在這個場合我只設了一條規定。就是簡報不是介紹書本的內容，而是介紹「三個」自己覺得印象最深刻（或是讓你獲益）的地方。

然而我在準備簡報的階段發覺到一件事。

「哎呀，大部分內容都記不清楚了。兩百多頁的書中只有少許幾處還有印象。」

想一想，每次令我印象深刻、獲益匪淺、想向別人介紹的部分，都只占全部的兩成左右。

套用前面提到的八〇／二〇法則，就是「**八〇%我們在書中得到的學習，來自二〇%印象深刻的部分**」。

既然就結果來看可用的資訊很少，那麼一開始就**別對多數資訊抱持期待**。

閱讀也是，接受「能得到兩成的學習就夠了」、「只要找出兩成重要的內容，其餘不一定要全部讀完」，也能夠更有效的利用時間。

這裡我想告訴各位的不是八〇比二〇這個比率。

而是**真正有價值、需要的資訊很少，大多數都只是雜訊**。

因此，面對資訊時保有「**哪些是應當重視的二〇%資訊**」、「**哪些是可捨棄的八〇%資**

訊」的意識很重要。

認清二〇%重要的資訊。

6

資訊少才有價值

「**Less is more（少即是多）**」

我很喜歡活躍於二十世紀的德國建築師密斯・凡德羅（一八八六～一九六九）留下的這句話。按照字意翻譯，大概會譯成「**因為少所以有價值**」、「**用最少的東西獲得最大的成果**」吧？

這句話在建築、設計圈廣為人知，是探討極簡設計或簡約設計時很重要的觀念。它是一種透過對簡樸的極致追求，減少無用且多餘之物，以創造美而豐富的空間和設計的美學。

舉例來說，有種名為「枯山水」的日本庭園形式，不用水，只用岩石和砂礫來表現山水的

看待資訊方式的差異

	受雜訊擺布的人	不受雜訊擺布的人
思考上	需要「更多、更多」 增加數量以取得成果 認為很多都很重要	選擇「這個或那個」 減少數量以獲得最大效果 認為重要的很少
情感上	「也許哪天會用到」 「總之先做做看」 「對做完一件事感到滿足」	「應該割捨哪個？」 「首先要確認目的」 「對接近成果感到愉悅」

意象。

假使裡面有水流，又種植許多漂亮的花的話，確實很華麗，但因視覺訊息過多而少了趣味。因為「視覺訊息」少，我們在觀看時才會產生新的構想和思考。

這種美學不僅適用於建築和設計，也適用於商業和工作不是嗎？

我至今依然記得初次接觸到蘋果產品時的感動。「按鍵真少啊！」

單手就能憑直覺操作的iPod、iPhone等的蘋果產品，和其他公司有許多按鍵、操作方法有點麻煩的產品截然不同，其價值一目了然。使用者感受到的「功能上的訊息」很少。

而且，創辦人史蒂夫・賈伯斯總是一身黑色高領毛衣配牛仔褲的裝扮，「形容賈伯斯時的訊息」也很少。

一說「身穿黑色高領毛衣和牛仔褲的科技公司老闆」，相信很多人都會立刻想到賈伯斯。

甚至是新商品發表會的訊息也徹底從簡，只有一行字加照片，超簡單的投影片和毫無贅言的說明內容。

站在聽眾的立場，因注意力集中在重要的訊息上，所以能一下子感受到其價值。因為「視覺和聽覺的訊息」很少。

如上述般，那些在某個領域已有所成並長期存活的人，就是「**從少量的資訊中創造出價值**」。

我們所受的教育一直教導我們「愈努力成果愈豐碩」，可能導致我們的既有觀念太過強烈，在資訊的輸入和輸出上也試圖追求「量」。覺得「我需要更多資訊，想要填塞更多的訊息」。

然而，工作方面「量」的增加不一定會帶來結果。只追求數量的話，確實會感覺「做了一件事」，然而時間是有限的。

此外，如我在前一小節所說的，並非所有資訊都有價值，真正重要的是少數。
能否克制「想要更多」的衝動，「**聚焦在少數真正重要的資訊上**」呢？
這問題考驗著我們。

減少資訊以創造價值。

7

何謂三步式資訊活用術？

接著我想談談如何不受雜訊左右地利用資訊。

工作上的資訊運用我會透過三個步驟進行。

①輸入（Input）→②整理（Seiri）→③輸出（Output）

這是基本步驟。②的整理使用日文的羅馬拼音，並取各階段的第一個字母，將**資訊運用簡稱為「ISO」**，以便於記憶。

各位可能覺得這方法很理所當然，但實際上我們常常會漏掉三個步驟當中的某個步驟。輸入資訊卻未做輸出；輸出了，但事前未做好充分的整理等。

此三步驟缺少任何一個都會有損工作的準確度，所以要再次請各位注意「ISO」是成組的概念。

另外，此三步驟有項共同的必要元素。

那就是「**設置『濾鏡』**」。

正如我前面所說的，要輸入所有資訊並全數輸出，在物理上不可能。而且這會花費大量時間卻無法帶來成果。

因此，**要透過設置濾鏡先區分有價值的資訊和其他資訊**。

（濾鏡範例）

①**輸入——「是否與目的一致」、「是否符合假設」**等

②**整理——「純是意見？還是事實？」、「資訊是否偏頗」**等

③**輸出——「是否合乎對方需要」、「是否是最想傳達的訊息」**等

這裡記載的濾鏡只是舉例，我會在下一章細談具體的內容。

各位聽到「要在輸入到輸出的各個步驟設置濾鏡」，也許會覺得好像很困難。

不過，我們本來就會不自覺地先篩選再利用資訊。

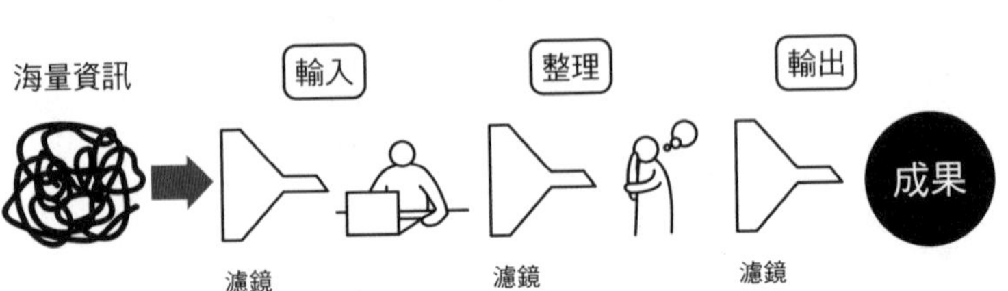

前些時候我難得休假，興致勃勃地向家人提議：「偶爾來去沒吃過的餐廳吃飯吧！」

我第一步就用智慧型手機連上綜合餐飲平台姑且先搜尋一下店家，但這第一步就錯了。

要大家「不能姑且先搜尋」的作者，自己卻直覺反射地用智慧型手機開始搜尋。

我瀏覽著網頁，感覺每家店都不錯，難以抉擇。也查看了口碑和評語，個個難分軒輕。看到我拚命用手機搜尋店家，家人們漸漸失去興致。

就在我持續搜尋，頭腦漸漸發熱時，我意識到再這樣胡亂大海撈針也只是浪費時間。不趕快決定店家的話會預約額滿，所以我設定**篩選條件（濾鏡）**後重新搜尋。

「難得的休假，所以要找平常不會光顧的類別」……**輸入用濾鏡**

「在日式、西式、中式以外還有什麼選擇呢？有了！夏威夷菜的餐廳怎麼樣？」

我試著把範圍縮小到附近的夏威夷餐廳，結果找到四筆資料。

接著我查看評語，不同人的評價各異。這時我如此思考：

「試著把純粹個人的主觀感想，和招牌菜色與其他店相比CP值較高之類的事實分開」……

整理用濾鏡

於是我鎖定附近一家最近新開張的夏威夷漢堡飯餐廳。

接下來是向家人提議。

「要讓家人明白挑選的標準，並感受到店家的魅力」……**輸出用濾鏡**

「要不要去平時不常吃又美味的夏威夷漢堡飯餐廳呢？」

我把要傳達的訊息鎖定在家人愛吃的夏威夷漢堡飯這一點上。可喜可賀，最後一致決定去吃夏威夷餐廳。

像這樣只是決定要到哪間餐廳吃飯，我們都會無意識地經過篩選再運用資訊。買衣服時、物色新車時，全是一樣的情形。

工作的時候常常會接觸到複雜難解的資訊，因此要有意識地設定**濾鏡來過濾資訊**。

資訊要經過三層過濾再加以利用。

第 2 章

花較少精力輸入的祕訣

【輸入篇】

1

設定終點使輸入更有效率

從這裡開始，我要來談輸入時插入「濾鏡」，用更少的精力抓住本質的要點。

輸入最先要做的就是「**設定終點**」。

相信各位一定在心裡嘀咕：「什麼嘛！就這樣……」

也許會感覺「為時已晚」，不過，我們在輸入時經常少了設定終點這一步。

只決定主題，之後就盲目地拚命輸入。沒有比這更**浪費時間**和精力的事了。

「先收集各種資訊再說吧」，用這樣含糊的態度開始吸收資訊，猶如在沙漠中跑著沒有終點的馬拉松。

這裡所謂的終點，指的是**「目的和目標」的組合**。

說起來輸入時，「**為何而做？（目的）**」和「**要做到什麼程度？（目標）**」這兩點本來就很重要。

例如，以「目的」來說，會根據是要「為了增廣自己的見識」，或者「為了取得企畫書可採納的證據（用以佐證的資料）」，而改變輸入的內容和方法。

而「目標」的話，要追求的質和量，也會因「只是想掌握某個主題的概要」，或是「想得到對顧客的簡報可採用的詳細資訊」而異。

終點（方針）如果明確，即使中途混入雜訊（與終點無關的資訊）也不會脫軌，因此可防止浪費時間。

在沒有終點的狀態下，就算收集到海量的資訊由於很難記得住，因此也難以運用。

德國心理學家赫爾曼・艾賓豪斯在一八八五年發表了「**艾賓豪斯遺忘曲線**」。

即人吸收資訊時，二十分鐘後會忘記四十二％，一小時後忘記五十六％這樣的實驗結果。

這給我們上了一課：**除非明確意識到什麼對自己很重要，否則人很快就會遺忘**。

未設定終點的輸入會導致時間和精力的浪費，要小心。

聽到要設定終點，你也許會覺得有點麻煩。

但其實，你平常在無意識中一定也會設定終點。例如：對減肥有興趣的話，「為了變瘦」就會去讀瘦身的書；被分派到財務部，「為了獲得會計的基礎知識」所以去上三個月的課。

我幾乎每天都有演講及講座，一開始一定會請學員設定終點（使目的和目標變明確）。

我會問學員：「你這次是為了什麼來上課？」藉由釐清目的，讓學員想像如何將上課所學應用在自己的工作上。接著再問：「你希望上完課有何收穫？收穫多少？」讓學員思考上課中要集中注意力的點。

這麼做可以讓學員有效率地吸收合乎目的和目標的訊息，而不是只是全盤接收所有訊息。

也請想一想你在本書中的終點，像是「為何閱讀本書？」、「想要有什麼收穫？收穫多少？」。

沒有「終點」的輸入會產生浪費。

收集資訊同時注意取捨

如果你一面輸入一面在心裡自言自語：「先收集再說」、「總覺得好像有用」、「也許哪天會用到」，就會偏離原本設定的終點，最後手邊只留下海量的資訊。

為免陷入這種狀態，保有「不只『收集資訊』，還要**『辨別要捨棄的資訊』」的觀點**很重要。

單純為獲取知識的輸入，可以只收集資訊；但收集符合目的和目標、**工作上可利用的資訊，則有必要釐清「要割捨的資訊」**。

我每撰寫一本書時，總是會購買十本左右的同類書籍。目的就只是要盡可能避免內容與其他同類書籍重複。

我會在同類書貼上許多便利貼，有便利貼的地方不是我要參考利用的訊息，而是可能和我要寫的內容重疊之「要割捨的部分」。

同類書中已有的內容哪些應當割捨？我是為了確認要割捨的資訊而查看同類書籍。這種觀點會幫助我找到值得寫出來，而且是其他書裡沒有的資訊。

假使你未帶著「要割捨資訊」的觀點持續輸入，結果會如何？

你手頭上一定全是不必要的訊息。如：偏離目的和目標的資訊、過度煽情的負面資訊、社群網站動態時報發布的別人的日常生活、假新聞等。

透過網路吸收資訊尤其要小心。

因為不必刻意操作就能輕易收集到海量的訊息。加上網路充斥的非必要訊息會削弱你的專注力，導致無謂的作業發生，使效率顯著降低。

更甚的是，網路會根據你過去的瀏覽、搜尋紀錄，自動依你的喜好篩選資訊。

比方說，我搜尋過「運動鞋」，從此就會優先顯示與運動鞋有關的資訊。

當你想深入了解某樣事物時，這樣確實不錯，但也有窄化視野的風險。最後淪為「**網路演**

搜尋階段就刪除不需要的資訊

▼想查迪士尼樂園以外的主題樂園

主題樂園 －迪士尼樂園

在不希望顯示的關鍵詞前面
加上減號

算法的奴隸」。

因此我要推薦兩種方法。

第一個是，**搜尋時使用「多個關鍵字詞」或者利用「NOT搜尋」**。

比方說，要查主題公園的資料時，不是只輸入「主題公園」單一關鍵詞，而是輸入三個以上的關鍵詞，如「主題公園、餐廳、人氣排行、口碑」等，讓網路精準地顯示你想知道的資訊。

此外，如果事先知道不希望網路顯示的資訊，就在不希望顯示的資訊（關鍵詞）前方加上半形減號（－）。這麼一來即可在搜尋階段刪除不需要的資訊，並能縮短時間。

第二個是，**不隨便「加書籤」**。

我們常常一看到感覺有用的資訊便隨意加入書籤，想說「待會兒再看！」。

一旦未仔細斟酌就加入書籤，沒用的資訊將愈積愈多。這樣的話，事後回頭再看時會很難整理。

因此，請各位在這裡要稍微花點時間。

精讀一遍再加入書籤。

我的做法是，精讀過後扔掉不需要的資訊，把覺得符合目的和目標、**所需最少的頁面加入書籤**，或是**只把需要的部分複製貼上Evernote等的雲端硬碟裡保存**。

花點時間仔細讀過再儲存（或是複製貼上），可節省之後回頭閱讀資訊（內含雜訊）的時間，所以反而更有效率。

利用「減法」而非「加法」收集資訊，可以讓你手邊只留下有價值的資訊。

也就是說，使工作產生成果的輸入有著「**交易**」的一面，即**為了得到某樣東西而刪去某樣東西**。

一邊輸入一邊辨別要割捨的資訊。

3

先確定輸出標的再輸入

・在各種社群網站上發文（兩天一次：note、Facebook、Twitter等）
・發行電子雜誌（一週兩次）
・透過讀書會發表（兩個月一次）
・演講、進修講座（一年一百場以上）
・撰寫書籍（一年一～兩本）

這是我每天輸出的一部分。

從事「寫作、說話、教學」等的行業，是將輸入的資訊以個人獨特的視角加工後再輸出，所以輸出標的多元很自然，不過先弄清楚輸出標的確實有其意義。

因為可以精挑細選符合輸出標的之高品質資訊再輸入，輸出時也可以在不含雜訊的狀態下

以輸出為前提的輸入

為輸入而輸入的人

盲目吸收資訊

對於該如何利用吸收的資訊沒有明確的想法

輸入的品質、效率（低）

以輸出為前提進行輸入的人

吸收輸出所需要的資訊

輸出

清楚知道要如何利用吸收的資訊

輸入的品質、效率

有效率地進行輸出。

即先預備好容器，然後裝入與容器相合的東西的感覺。

假使在輸出標的模糊不清的狀態下不斷輸入，會輸入許多用不著和不必要的資訊，使準確度和效率降低。

正因如此，**事先確定輸出標的，對於提高輸入的準確度才會那麼重要**。

不過它一點也不難。日常生活中你肯定也會無意識地這麼做。

總之就是「**將無意識變成有意識**」。

我把在輸出前提下進行輸入稱之為「**出入口法則**」。我們說「出入口」，而不說「入出口」對吧？

所以是先「出」後「入」。

你平常有哪些輸出標的呢？

即便是像我這種以寫作、說話、教學為業的人，意識到輸出標的也很有幫助。

「我打算在這次商談簡報中放進哪些訊息？」、「如果要在Twitter上發布讀書感想，閱讀時要著眼於哪裡？」等，在帶著這樣的意識**進行輸入前，請先確定你的輸出標的**。

我要推薦的輸出方法是「**教導他人**」。

一旦以教導他人為前提，輸入時就會去注意最重要的訊息是什麼，因此可以在最短時間內得到最大的效果。

即使是我的進修講座也會在講課的最後階段納入「將你學到的東西（輸入）告訴其他學員」的團體作業，順便復習。

此外，我會在講課的一開頭先宣布：「稍後會請各位扮演老師，講授A這個題目。」

這麼一來，學員就會對A這個主題變得很敏銳，試圖刪除雜訊並理解它，因此吸收會更快速。

而且，一旦教導他人（輸出）成為前提，會對學員形成適度的心理壓力，保持緊張和專注地吸收資訊。

即使沒有教人的機會，如果你想有效率地吸收有關某主題的資訊，何不自己創造那樣的機會呢？如公司內部的學習會、讀書會、資訊交流會等。「對空氣講課」也可以喔。

說到底，你輸入的目的為何？

是**為了輸出並獲得結果**。然而，一開始就為輸入而輸入的態度，就像是自願放棄結果。從現在起，讓我們改變態度「**以輸出為先**」吧！

為了有效率地輸入，要先確定輸出標的。

4

一切從假設開始！

我觀察在工作上取得成果的人，發覺他們通常會認真地在腦中建立假設後才進行輸入，而不是任何訊息都輸入。

「世界正如此轉變，所以應當關注〇〇方向。這麼一來就要提高對□□訊息的敏感度」，就像這樣。

除了單純消除疑問的「查資料」，資訊中並沒有答案。**自己動腦設想一個暫定的答案（假設），然後在收集資料、驗證的過程中，逐漸看清楚答案**。這就是工作的本質。

不是試圖在搜尋結果中找出答案，而要透過事前建立假設的做法，使「**優質的輸入**」成為可能。

「假設」使好的輸入成為可能

好的輸入	經過「假設」篩選，得到修正假設的線索
壞的輸入	盲目地收集資訊， 只是自以為了解（以為做完了）

也就是透過在腦中鋪設名為假設的「思路」，使輸入變得更為容易，而不會受到雜訊干擾。

沒有事先建立假設的輸入，就有如在不帶指南針的情況下徘徊於茂密的森林中。有指南針和沒指南針，哪種情況可以順利穿出茂密的森林呢？

各位知道米開朗基羅是怎樣製作大衛像的嗎？

據說，他在製作時不是將黏土揉合「組裝起來」，而是面對一塊大理石（資訊），在腦中想像大衛像的樣子（建立假設），削去大衛像輪廓以外的部分（去除雜訊），使用讓主體浮現的方式完成大衛像的。

為了做到有效率且優質的輸入，就需要透過像米開朗基羅這樣的方法，先建立假設再削去多餘的部分。

聽到「假設」，各位也許感覺很深奧，但絕對不困難。一開始要做的就只是**重視你內在湧現的渴望**。

本書誕生數個月前的某日，我收到明日香出版社編輯的邀稿信。

「為了調查讀者現在想看什麼主題，漫無目的地閱讀一些資料，但找不太到自己想要的內容，而即使收集到資料也無法整理成可利用的形式，感覺很鬱悶」、「我猜想其他人說不定也像我一樣無法靈活運用資訊，於是提出一個假設：『讀者們應該很想得到運用資訊的技巧吧？』」

於是，編輯便根據這個假設尋覓作者（輸入），在過程中看到我所寫的專欄。

要是編輯沒有將自己的渴望轉化成「資訊運用方法」的假設去搜尋資訊，大概就不會認識我，這本書也不會誕生。

意思就是，**時時將源自內心渴望的興趣、關心當作一種假設標記在腦中，即可不受雜訊干擾，以最快速度找到想要的資訊**。

當腦中已經描繪有自己感興趣、關心事物的想像（假設），就會比較容易尋找到想要的資訊。

以我來說，我心裡一直有個假設：在日益複雜的社會中未來需要的是「資訊運用法」、「思考整理術」、「簡約化」。

這麼一來，我即使上書店，映入眼簾的也全是這三種類別的書。「暢銷小說」或「歷史書」等根本進不了我的視野。

像這樣帶著自己的假設進行輸入，大腦就會只捕捉你有興趣的資訊。

這些現象在心理學上稱為「**選擇性知覺**」。即**在多個資訊中只選取自己認為重要的資訊認知**。

「**色彩浴效應**」和「**雞尾酒會效應**」為其中的代表。

「彩色浴效應」是指「浸泡在色彩中」的意思，當我們打算今天整天只看紅色，那麼就只有紅色事物會進入我們的視野。

「雞尾酒會效應」則是在如派對這種大批人聚集、人聲喧嘩的環境中，會自然而然聽見自己的名字或感興趣話題的現象。就是那種即使在嘈雜的電車上，也能清楚聽到車內廣播播報自己要下車那一站站名的現象。

如果能根據自己感興趣、關心的事物建立假設，大腦就會幫我們過濾、選擇性地輸入資訊。

輸入前先在腦中「標記」焦點該放在哪裡的作業就是建立假設。讓我們從建立假設開始輸入吧！

輸入前要建立假設。

資訊收集的品質端看你「如何設定問題」

我一直在談建立假設的重要性，但一定也會有無法如願找到可用資訊的時候。

這時要重新審視你的假設。**調整一下「問題」**。

比如，假設你帶著「削減會議時間的方法為何？」的問題意識搜集資訊。儘管成功揀選出削減會議時間的資訊，但似乎都是很普通的資訊，並未發現新的線索。

這時就要檢視你的目的：「所謂的會議真的有必要嗎？」

假設目的是「資訊交流」，那麼開會不過是手段之一。就算搜集再多有關削減會議時間方法的資訊，也找不到新的視角。

這時就要透過重新設定問題：「有效率地共享資訊需要什麼？」來改變搜集資訊的視角。

比如，「有效的資訊共享制度」或是「不必交流資訊的方法」等。

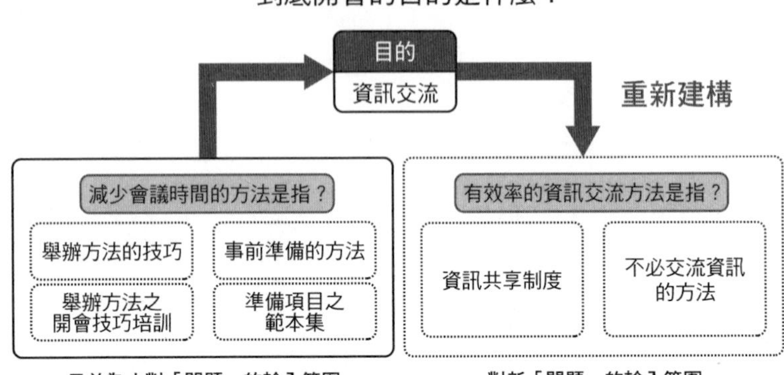

像這樣改變視角重新審視問題就稱作「**重新建構**」。

重新建構不僅在返回初衷轉換視角時有效，如果是商業經營，在改以顧客或競爭的角度思考時，效果也很好。

比方說，要調查「Highball（威士忌蘇打）的市場」時，把Highball看作廉價版的威士忌，用「威士忌市場的趨勢為何？」的問題搜尋資料，和根據「口感清新爽快，年輕人也能接受的酒品市場為何？」的假設搜尋資料，兩者收集到的資訊會不一樣。

另外，所謂的「無酒精啤酒」是極好的命名，可是冷靜一想，就是碳酸飲料對吧？

如果輸入卡關，就重新設定問題

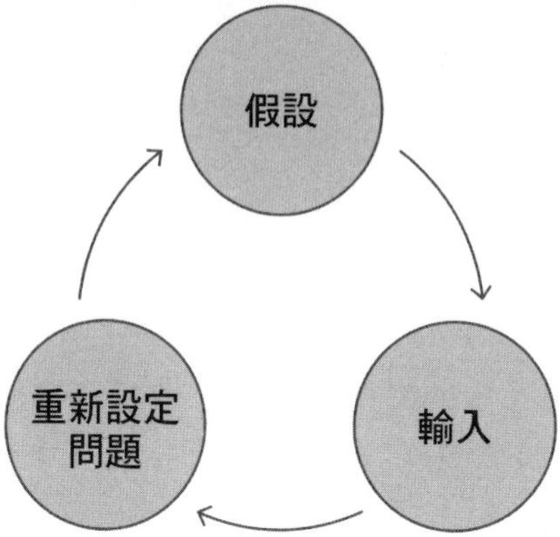

假設
輸入
重新設定問題

※作者參考《如何訓練觀察力》（佐渡島庸平著／SB新書，書名暫譯）製成

這時你設定的問題是「無酒精啤酒的市場趨勢為何？」，還是「大人也喜愛的碳酸飲料市場趨勢為何？」，將改變你對市場的看法。

換句話說，**當輸入卡關時，可以轉換視角再重新建構（重新設定問題），以實現高度準確的輸入**。

容我向各位介紹一則至今最讓我覺得「有道理」的「重新建構」小故事。

這是在某國發生的事。公路上有許多菸蒂，難得整齊的街道也被搞得髒亂、不衛生。城市的清潔費用不容小覷，該如何才能減少亂丟菸蒂的情況讓市政當局很苦惱。

即使在「怎麼做才能消除亂丟菸蒂的情況？」

這樣的問題設定下搜集資料，也找不到感覺有效的點子。

於是，市政當局重新設定問題——「怎麼做會讓人主動想把菸蒂扔進菸灰缸？」。不是從公園管理局的角度，而是從隨手亂丟菸蒂的人的角度進行重新建構。

根據這新的問題不斷搜集資訊的結果，市政當局想出了一個極佳的點子。他們設置一面看板：「這兩位足球選手中，你覺得哪一個是世界第一的最佳球員？」然後擺一只有兩個洞的菸灰缸。菸灰缸的一個洞寫著梅西，另一個洞寫著C羅納度，把菸灰缸當作「投票箱」。

這下子以前亂丟菸蒂的人開始爭相把菸蒂扔進菸灰缸，馬上不再有人隨手亂丟菸蒂。菸蒂這毫無價值的東西在這一刻變成了有價值的「投票券」。

就像這樣，如果因輸入卡關，首要之務是改變輸入的質，而不是意圖增加輸入的量。

輸入陷入僵局時，要靠「重新建構」來化解。

輸入九成取決於保存方式的設定

常聽到有人說，雖然輸入做得很好，但整理不善，輸出時要重新尋找有用的資訊很麻煩。即該如何保存（保管）輸入資訊的問題。

因為是輸入完後才試圖整理，所以會整理不善。

我的做法則相反。**我會建立用以整理資訊的保存地點再進行輸入，而不是先輸入再整理**。

多數人應該都是「先輸入後整理」吧？

所以才會面對海量的資訊不知所措。

我在前面提到的「出入口法則」，就是「先決定去處（輸出）再放入（輸入）」的原則。

這不僅適用於輸出標的，「保存地點」也同樣能套用。

輸入前先建立保存地點（資訊的抽屜）

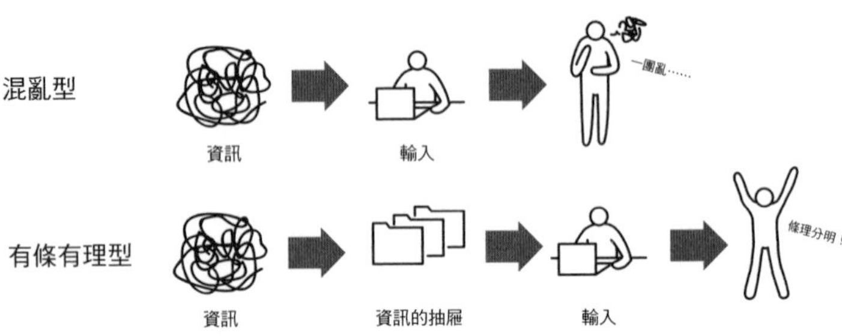

運動會有一個項目是丟球比賽，就是比賽把球丟進準備好的籃子裡。你不會在沒有籃子的狀態下丟球對吧？輸入亦然。要先備妥籃子以放入資訊。

重點是**列出一些你想取得資訊的主題，並輸入與主題相符的資訊**。

反過來說，**與主題不符的資訊就視為雜訊**。

以我來說，會先建立大約十五個**儲存地點（資訊抽屜）**。

不是物理性的抽屜，而像是在電腦裡設置十五個存放資料的檔案夾。

在還沒有資料、全是空的狀態就要先設置好。

這麼做可以避免胡亂收集資料，被淹沒在資訊的洪流中。

資訊抽屜會提高輸入的品質

Evernote的抽屜範例（2021年）

「DX、數位化」、「品牌打造」、
「後疫情時代」、「視訊會議軟體」、
「偏好、行為經濟學」、「心理安全性」、
「商業模式」、「培訓教材」、
「出版企畫」、「思考整理術」、「經營策略參考資料」、
「氛圍研究」、「推薦的書」、「天災、防災」、
「低醣飲食」、「失智症」

唯有一點要注意，就是**不能設「其他」**。因為一旦設了「其他」就會隨便放入不在設定主題內的資訊，使得目的以外的龐雜訊息愈積愈多，包括垃圾訊息。

在工具上，可以在電腦設檔案夾，也可以準備一些有索引的文件夾。

以我來說，是利用Evernote的雲端硬碟服務，依主題進行分類。當然，一些尚未輸入完成的類別是空的狀態，不用在意。

之後**只需要時時把與主題相符的資訊以複製貼上方式放入**。

說得極端一點，除此以外的資訊要時時牢記**不要輸入，以減少雜訊**。

沒有嚴格規定非得要十五個主題，而且可依據自己關心的事物更換。我是平均每半年就更換約三分之一的主題。

別等到需要輸入才臨時抱佛腳地收集資訊，**平時面對工作就要帶著問題意識，針對應當輸入的主題建立假設**。

就算說**工作的結果在輸入前既已決定**也不為過。

換句話說，設定抽屜的主題即**意指「設定意識的焦點——應該輸入什麼」**。

與抽屜主題不相符的資訊可以乾脆捨棄。

平時就帶著問題意識面對工作？還是漫不經心地做事、毫無計畫地吸收資訊？這會對工作的成果產生影響。

先備妥保存地點，再輸入。

從範本化做起的快速輸入法

製作文件時同樣要採取這種先縮小主題範圍再輸入資訊的方式。

有些人會先輸入一堆要寫的內容再做整理，但這樣很沒效率。

以我的客戶來說，文件的內容雖有不同，但每次要記載的項目大約九成都一樣。既然如此，與其每次製作文件就重複摸索一遍，不如事先選定項目，即應當放入哪些訊息，建立架構。也就是所謂的**範本（文件等的格式）化**。

輸入時就按照範本的項目輸入，非項目內的資訊則視為不必要的資訊刪除，這樣就能簡化九成的文件製作時間。

需要從零開始摸索製作的部分只剩下一成。

某位客戶並更進一步推行範本化。

他將公司內部的電子郵件統一成「5W1H的條列式書寫」，不再寫成文章。所謂「5W1H」就是「Why（為何？：目的）、What（何事？：內容）、When（何時？：時期、期限）、Who（誰？：什麼人、負責人）、Where（何處？：場所）、How to（如何？：方法）」等，以英文的第一個字母來代表工作上必要的元素。

寫成文章的話，比較容易發生資訊遺漏的情況，且內容會受個人寫作能力影響。而5W1H的條列式書寫若有既定格式，只需按照項目輸入資訊，不但效率佳，也方便檢查有無疏漏。

我偶爾會接到請我去講授會議紀錄製作方法的案子，但會議紀錄其實也是一開始設計好「範本」，就會比從頭製作起要節省時間。最重要的是，由於是按照會議紀錄的項目記錄談話內容，所以記錄時比較容易刪去離題或是無意義的發言。本來是不需要上課受訓的。

製作提案書等的PowerPoint影片時，同樣不要馬上就開始寫。

流程應該是事前將提案書的內容、順序整理在筆記本上，決定項目後按照項目輸入資料，最後做成投影片。

如上所述，**製作文件時也是先確定要輸入的項目，才能有效率地收集到所需的資訊**。

拙作《一本筆記讓工作相差十倍》（書名暫譯，明日香出版社）中也介紹了數種範例，敬請參閱。

製作文件時要先設計範本，只輸入範本需要的資訊。

8

有效率且抓住本質的輸入三訣竅

這一小節我要告訴各位有效率且抓住本質的「閱讀、觀看、聽聞」三要點。

① 閱讀

「閱讀」有自己**「主動」閱讀**，和**「被動」接收資訊地閱讀**兩種方法。兩者都要透過**對自己設下「限制」**，才能在最短時間得到最大效果。

「主動式」閱讀的方法有讀書和網路搜尋。

所謂的「限制」是，比方說以讀書（小說除外）來說，一開始先看目錄，選出自己認為最重要的三個部分，只精讀這三個部分，其他不必讀（以三個為準）。網路搜尋時則設定規則，如「限十分鐘」。

尤其是網路搜尋會跑出大量的資訊，一旦細讀起來會沒完沒了。然而，即使花很多時間搜尋，也不保證可以找到優質的資訊，因此要**設時間限制**。

用開頭的一分鐘快速瀏覽第一頁顯示的標題，如果發現了感興趣的資訊就以複製貼上方式暫存在備忘錄的App。此作業進行到第二頁時大概已過了十分鐘。這時開始細讀剛才暫存在備忘錄的資訊，只儲存必要的部分（鈴木進介《思考更要斷捨離》繁體中文版由究竟出版，二〇一三年）。

「被動」接收資訊閱讀的方法，如接收電子雜誌等的推播資訊。

我要推薦的方法是活用「Google快訊」。Google快訊是一項服務，只要登錄想追蹤訊息的關鍵詞，網路上含有設定關鍵詞的資訊每次更新，Google就會匯整所有資訊寄到你的電子信箱。

比方說，我登錄了包括「資訊活用」、「思考整理」、「人才教育」等在內大約三十個關鍵詞。不用自己搜尋，Google就會自動將我登錄的資訊傳送給我，所以能減少時間浪費。意思就是透過登錄關鍵詞「綁住」應該看到的資訊。

我也登錄了自己的名字和本書的書名，只要你在網路上留言評論，我不必自我搜尋就能掌握一切。

無論是主動的方法還是被動的方法，都能透過**建立自己的假設再輸入，並設下一定程度的限制來提高效率**。

設下「限制」以縮小應當閱讀的資訊範圍。

② 觀看

就輸入來說，只是坐在桌前閱讀資訊並不夠。

如前文提到的，只是把資訊輸入腦中，一小時後就會忘記五十六%的內容。

再說，書桌上取得的資訊有許多難以判斷真偽。

因此要用自己的雙眼實際**「觀察」「現場、實物、現實」**來補足。此三者又被稱為「**三現主義**」。你是否也有過網路上的資訊和實際看到的感覺截然不同的經驗呢？

我以前有過考慮搬家時，在網路上看到房子的平面圖覺得「好想住在這裡！」，結果實際去看了之後很失望的經驗。桌上的資訊和直接看到現場的感覺天差地別。

當你「觀看」的時候不只是隨意瞧瞧，而是要**進行「觀察」和「洞察」**。

觀察指的是察看表面的狀態和映入眼簾的訊息。

比方說，假設你在找房子，並去看候選案件的屋況。

「廚房很大，儲物空間也多，而且原本就裝了空調！打開窗戶景色優美」，就是像這樣觀察肉眼可見的訊息。

「洞察」則是帶入假設，稍微深入解析。

「廚房雖大，但離客廳遠了點，如果把餐桌放在客廳正中央，從廚房端菜過去時的動線不佳，可能有點麻煩。客廳對面的房間如果當成兒童房，空調的冷氣吹不到，正在準備考試的孩子可能會不願意」，連人的心情都一併設想，同時深入解析。

所謂的「觀看」並不只是將映入眼簾的訊息輸入腦中。

而是要換上「觀察」和「洞察」這兩副眼鏡，提高資訊的準確度。

靈活運用「觀察」和「洞察」來看。

③ 聽聞

「聽聞」有聆聽、打聽等各種豐富的意涵。

一般的**「聽」只是聲音傳入耳朵的層次；「聆聽」是側耳細聽；「打聽」則有問出真意**的意味。這裡寫作一般的「聽聞」，但輸入時則需要「聆聽」、「打聽」。

所謂的「聽」，主要是從別人那裡得到訊息。想聽不同觀點的意見或自己不懂的事時，第一步就是直接請教精通各主題的人。

請教對象依關係遠近分成三類。

A類：平時就有深交的朋友和客戶

B類：沒有深交但能交換資訊的不同行業的人
C類：關係疏遠但是專家及某領域的權威

重點是，不要只聽類似的人的話。如果只從類型相似的人那裡收集訊息，很容易收集到大同小異的訊息，可能會認為這就是正確答案。

而只聽專家和權威的意見一樣有風險——權威人士說的話聽起來就像正確答案。因為不會產生新的觀點，所以均衡地聽取不同類型、年齡層的人的意見很重要。

以前我看過一段某資深藝人對剛出道的年輕藝人傳授走紅訣竅的影片。

資深藝人說：「這是我和當紅藝人A駕車出遊途中發生的事。坐在副駕駛座的A突然下車走進路旁的田裡。我看著他要做什麼，結果他只是跟一位老農夫哈哈大笑地聊了快十分鐘的蔬菜，然後到回車上。」

乍看也許會覺得這舉動很異常。

不過，我十分認同這位資深藝人說的：「一個會走紅的人，不僅僅是把漫才（※日本傳統說唱藝術）腳本背得滾瓜爛熟、拚命練習。還要具備與各領域的人交談、傾聽一般大眾對世道的看法和內心幽微之處的態度」。

你是否也會傾聽別人的話，而不過度倚賴網路資訊呢？

最近你曾與家人或同業以外的人聊天嗎？

請注意，別忘了平時結交朋友也是輸入的一環，他們將成為你的資訊來源。

試著直接向關係遠近不同的三類人請教。

應當留意的輸入「陷阱」

前面我一直在談輸入時要抱持的意識（思維）、態度（姿態）和方法等。

本章的最後，我要稍微談一下應當留意的兩件事。因為即便你好不容易掌握到目前為止介紹的技巧，但只要疏忽了這兩件事，就無法做到高品質的輸入。

①不僅關注「訊息的內容」，也要關注「訊息的來源」

就算你建立各種假設，成功輸入精挑細選出的訊息，也不能因此便放心。

因為訊息的內容固然重要，但是訊息的意涵會因為訊息的來源而有不同。即可信度的問題。

比方說，假設某汽車製造商發布「未來的世界更需要氫能車，而不是EV車（電動車）」

的訊息。我們可以完全採信這說法嗎？

其背後可能存在的想法是：如果投注過多精力在電動汽車上，恐怕無法保障引擎製造相關工程師及承包商的就業（※電動車是為蓄電池充電，靠電動馬達驅動行駛，所以不會使用引擎）。

這個例子要談的不是氫能車和電動車孰優孰劣的問題。而是每個人的發言背後都有各自的立場和意圖（即所謂**有利於己**的說法），因此要非常小心，否則會錯認訊息的本質。

《如何訓練觀察力》（佐渡島庸平著，SB新書，二〇二一年，書名暫譯）書中有則有趣的小故事。

假設報紙刊出「終於和宇宙有接觸」的報導。即使是一模一樣的訊息，使用的語彙也相同，但由〇〇經濟新聞報導出來和由〇〇體育報報導出來，文章的脈絡和可信度會有所不同。

請各位不僅要關注「那是什麼樣的訊息（What）」，也要關注「是誰提供的訊息（Who）」。

「誰提供的訊息（Who）」所指的訊息來源不只是人。也包括發布訊息的企業、團體和政府機構等的組織。

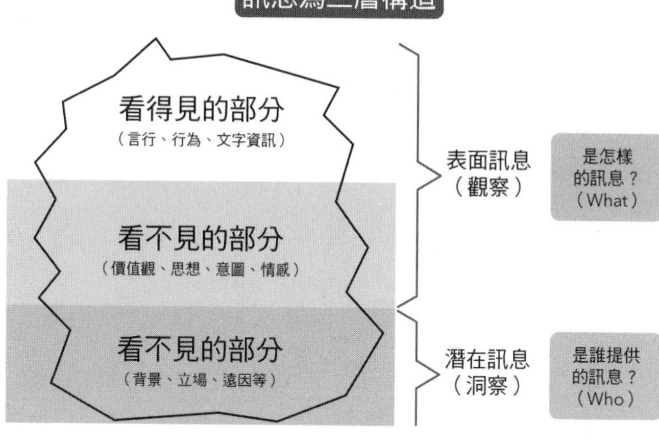

訊息為三層構造。如果大致區分，可分成**看得見的「表面訊息」和看不見的「潛在訊息」**。

「表面訊息」就是言行、行為以及媒體刊載的文字訊息等，多半是可以立即取得的資訊。

另一方面，「潛在訊息」是支撐暴露出來的表面訊息背後的動機，如價值觀、思想、有利於己的說法，不過，讓我們再進一步往下挖掘。

同樣是「潛在訊息」，但第三層必定還存在形塑價值觀和思想的背景、立場、處境、遠因和環境。

我們此刻看到的訊息，其實也是第三層的潛在訊息不斷堆疊才會露出，因此必須深入解讀底層的部分，否則無法確認訊息的可信度。

當然，要解讀看不見的潛在訊息並非容易的事，要透過反覆建立假設和輸入來慢慢驗證其可信度。

不過正如我前面所說的，讓我們正確地觀看——觀察看得見的表面訊息和洞察看不見的潛在訊息，辨別有價值的資訊。

必須深入理解資訊的背景，否則會錯認本質。

② 檢視是否被偏見所局限

輸入要注意的第二點是「認知偏誤」。

所謂的「認知偏誤」，不妨解釋為「對事物偏頗的看法」，如偏見、成見、刻板印象、迷思等。

在此之前我一直告訴各位「不僅要關注『是怎樣的訊息』，還要關注『是誰提供的訊息』」，現在則反過來。

不僅要檢查「是誰提供的訊息」，還要檢查「是怎樣的訊息」。因為在資訊過剩的時代有可能摻雜不必要的資訊，以至於必須兩者都檢查，不能只檢查一個。

例如，「所有最新的ＩＴ技術都來自美國矽谷」（↓事實上，有很多最新技術來自中國）、「網路論調就是現今的輿論」（↓事實上，網路顯示的訊息是根據以往的瀏覽歷史紀錄和搜尋內容去分析的結果，因此論調可能存在偏頗）、「工程師的溝通能力很差」（↓事實上，因人而異）等，不勝枚舉，認知偏誤確實存在於我們的周遭。

這裡要為各位介紹我自己在輸入時尤其會注意的「三大偏誤」。

就是：**1）「確認偏誤」**；**2）「權威偏誤」**；**3）「草率歸納」**。

1）「確認偏誤」——只收集與自己的想法和假設一致的資訊，而忽視與假設相反的資訊不予收集

（情報文化研究所《圖解認知偏誤！避開99％思考陷阱》繁體中文版由墨刻出版，二〇二二年）

簡單說，就是「只輸入對自己有利的資訊（想看到的資訊）」。

原本覺得「不會有這麼好的人了！」，可是一旦結了婚卻大失所望：「不應該是這樣的……」，這種情況也是因為墜入愛河所產生的確認偏誤（情人眼中出西施確實美好……）。

抑或是，假如你在社群網站上看到「一月的第三周好像會有大地震」的訊息，就會一直收

集與它吻合的訊息（比如，最近雲的形狀很奇怪、多隻鯨魚在海岸邊擱淺等），盲目地信以為真。

2）「**權威偏誤**」──**認為權威人士說的話一定對的習慣**（守屋智敬《管理「潛意識的偏見」》KANKI出版，二〇一九年，書名暫譯）

你是否也有過，因為是權威人士說的，就相信它一定正確的經驗？

例如，「醫師（律師）說的一定是對的吧」、「這是〇〇研究機構的數據，就證據來看一定錯不了」、「業界泰斗提倡的事是基於他的經驗，所以一定是真的」。

二〇二〇年春天新冠肺炎肆虐以來，各式各樣的資訊滿天飛，專家之間也經常意見分歧。儘管如此，社會上仍然有一定數量的人，聊天時會理所當然地引述某位經常上電視評論事情的醫師說法。

這不是醫師好壞的問題，而是立場、情況和具體專業領域都會影響到資訊內容，因此單憑醫師這樣具有權威的頭銜就深信不疑值得商榷。

3)「草率歸納」——在資料未齊全前就概括而論

(情報文化研究所《圖解認知偏誤!避開99%思考陷阱》繁體中文版由墨刻出版,二〇二二年)

有句話叫「以一知萬」。

意思是由一件事可以推知所有事,「草率歸納」便是像這樣,由少數的個案、特例,不是推測,而是「斷定」普遍的大多數也是如此。

舉例來說,假設血型O型的A先生個性大而化之,不善於整理房間。

假設另一個O型的人也是如此,於是就斷定「O型人都大而化之」。當你跟人聊到血型時,是否也聽過這樣的話呢?(↓反例:我是O型,但我一絲不苟。)

另外,疫苗也有同樣的情形,假設某人接種C公司生產的疫苗後出現強烈的副作用。如果另一個人也注射C公司的疫苗,一樣出現強烈副作用,這時就會有人認定無論是誰打了C公司生產的疫苗都會出現強烈副作用。(↓反例:目前,我不論注射哪一個廠牌的疫苗都沒有出現強烈副作用。)

事實上,D公司生產的疫苗也可能發生同樣的情況,而且因個人的體質而異。

如上所述，必須先有「凡事都可能有反例推翻概括說法」的認識，否則會錯認訊息的本質。

雖說無法收集所有資訊，但**要注意避免因為麻煩就依少數資訊做判斷，輕率說出「一般而言、通常、大家都……」這一類的話**。

它的困難在於沒有絕對有效的方法能防止認知偏誤，但確實有些思維可以稍微減輕偏誤。

將「**輸入的資訊是否有偏誤？**」當作通關密語自問自答。並且，**辨別資訊時要保有「彈性」**。

所謂「彈性」的意思就是要保有靈活的態度，「這資訊可能有誤」、「充其量就是目前這個時間點的訊息，今後不見得會一樣」，隨機應變。

每個人都有認知偏誤，因此輸入時要先假設資訊存在偏見，並小心注意。

輸入時，要以資訊存在偏見為前提來看待它。

第 3 章

挑選有用資訊的祕訣

【整理篇】

1

資訊要先靜置一天以上

常有客戶向我反映他會輸入資訊，但無法善加整理資訊。

本章就要來談輸入後的「資訊整理方法」。

好不容易買進高級食材（輸入），但烹調手法差勁的話也做不出美味的菜餚（輸出）。在此我將提出一種「料理方式」，以避免這種情況發生。

首先就是，**輸入的資訊要先放著！**

剛輸入完不久是最有動力的狀態。

「來吧，現在開始努力輸出吧！」、「各種資訊到手，獲益匪淺！」

這時請稍微冷靜一下。取得的資訊真的符合目的和目標嗎？是與假設一致、好的資訊嗎？裡頭是否未摻雜雜訊？

「資訊存放一天以上便能看出真正的品質。」

這是我一直以來的主張。

我很喜歡的一本書《思考整理學》（外山滋比古著，繁體中文版由究竟出版，二〇二一年）也談到，輸入的材料和從中產生的想法要放置一段時間讓它「發酵」，才能昇華成好的構想。據說是因為間隔一段時間可以讓人的想法在潛意識層經過梳理，冷靜地確認品質。

在動筆撰寫本書之前，我整理自己長年輸入、有關資訊活用力的資訊，並以自己的方式製作筆記。

那時我心想：「哇！如果把這些全部謄寫出來，絕對是一本暢銷書！」動力達到顛峰。但我仍舊遵照自己的理論讓筆記放置大約三天。三天後再重看筆記，這下子我羞愧到面紅耳赤。「居然覺得用這些資料可以寫出暢銷書，太丟臉了。超過一半都不能用！」

另一方面，也因為我把它靜置了三天，才會從筆記產生新的想法，總算可以動筆寫作。意思就是放置三天讓筆記裡的訊息發酵，讓我能夠冷靜地辨別資訊的品質，進而產生新的構想。

各位難道不曾有過花費許多時間製作，做出自己很滿意的文件，隔天重看卻覺得做得很糟的經驗嗎？

我們的**大腦似乎要隔一段時間才比較能認清自己輸入的資訊。資訊就如同要經過自然發酵熟成的肉**。

即使在辨別「**美味訊息**」的意義上，除非很緊急，否則請各位盡量讓資訊靜置一定的時間。

資訊要經過一定時間的靜置，再確認品質。

資訊整理的基本三步驟

通過濾鏡輸入的資訊，這回要再加上整理用的濾鏡，提高準確度。用這層濾鏡來檢查資訊正不正確、有無偏頗等。

讓我們從手邊感覺有用的資訊的情況，繼續談下去。

該怎麼整理才好呢？首先，不應該做的就是，在資訊支離破碎的狀態下就憑直覺挑揀資訊。

有實際經驗的領域那還好，可是不按照程序「整理」，再挑出優質資訊的話，會花費許多時間，很沒效率。此外，也無法檢查有無缺漏。

整理的程序是：**第一步先準備手邊的資訊；第二步進行分類；第三步是配置**。

整理資訊三步驟

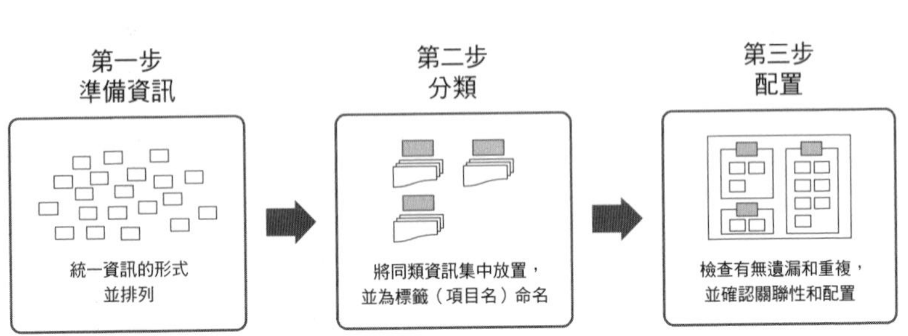

第一步是**準備資訊**。

我從手邊已收集到一堆資訊的情況開始說明。資訊如果被以不同形式保存，如筆記、剪報資料、雲端硬碟等，會不易整理，所以要**盡可能統整成一種形式**。建議全部做成筆記，或是以剪貼複製的方式將各種資訊存成PowerPoint。

我在前一章談過要先建立資訊保存地點，所以我希望各位能根據前一章所說的，在資訊已統整的狀態下再進行整理。

第二步是**分類**。

就是**將主題相同或性質相似的資訊分門別類**。此作業又稱**親和圖法**。

上圖為讓各位更容易理解，是以整理紙本資訊為例

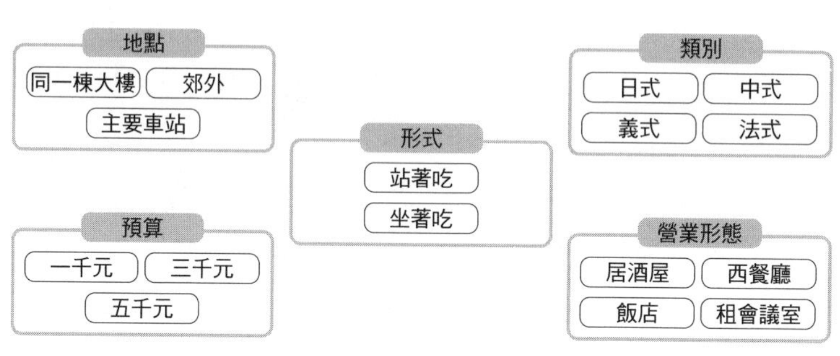

的意象圖；整理數位資訊時，請只學習思維的部分。

簡而言之，就是先將類似資訊排列整理，最後再歸納分組。

「第二步」的重點不只是匯集同類資訊，還要思考**那是哪一類的資訊，為它想一個標籤（名稱）**。

這會成為你**整理資訊的「視角」**。比方說，「顧客的視角、競爭的視角、自家公司優勢的視角」，或是以「執行前、執行中、執行後」的角度去看。

標籤不一定只能設定三個。

如，「優點／缺點」或「5W1H」等，設多少標籤視情況而定。這和整理衣服分成「夏季／冬季」、「上身／下身」是同樣的情形。

最後「第三步」是**配置**。

確認標籤和資訊有無缺漏和重複，邊思考關聯性邊決定配置，使資訊的結構可視化。

多人一起開會時，有時會採取將訊息寫在便條紙上，再於模造紙或白板上進行整理，最後畫線圈起來的做法。如果是數位資訊，在Word或PowerPoint上進行分類並畫線框起來就完成了。不一定要全部匯整在一張紙或投影片上。

資訊數量龐大時，若是使用個人電腦，請在電腦上用資料夾分類。標籤（項目名）對應到資料夾名稱，檔案對應到各個資訊。

請務必注意按照我這次所介紹的三步驟進行整理。

要依統整↓分類↓結構化的程序整理資訊。

別忘記檢查「缺漏和重複」

整理輸入的資訊時要時時注意「**有沒有其他視角**」、「**有沒有其他更好的資訊**」，持續尋找與終點和假設相符且品質好的資訊。這時務必要**檢查有無「缺漏和重複」**。

檢查有無缺漏是要確認資訊是否有不足的地方；檢查有無重複則是確認是否有許多類似的資訊。

比方說，如果一直收集成本、預算、生產費用的資訊，儘管以細節來說意義各不相同，但這會變成單從「錢」的角度去思考。這裡我把內容雖然未完全重疊，但同性質的資訊稱作重複。

此外，不僅是個別資訊，**檢查作為前提條件的標籤（項目）**也很重要。因為建立標籤時一旦有缺漏和重複，也會影響到整理中的資訊。

重複的情況相對較容易發覺，但關於缺漏的項目，很難靠自己發現，因此一開始就知道有

檢查資訊有無缺漏、重複

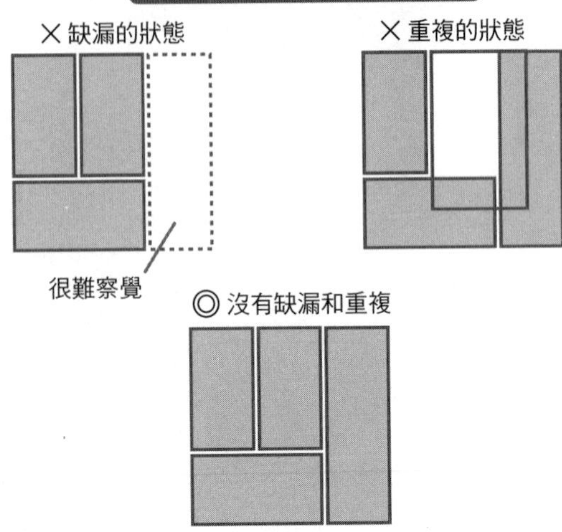

也要留意標籤（項目）的缺漏和重複

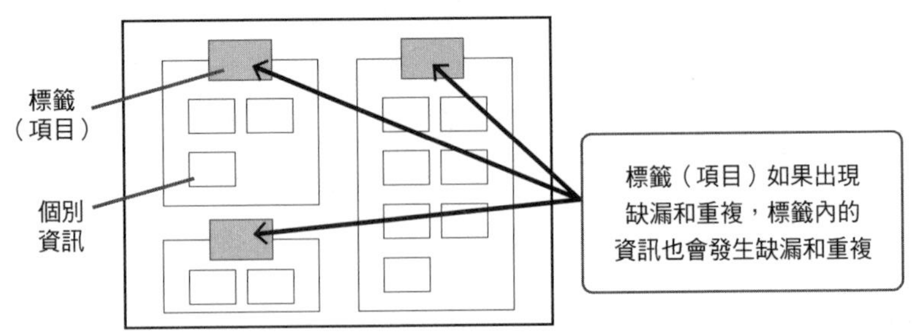

哪些防止缺漏和重複的模式會很方便。

整理並思考事物時所使用的用框架被模式化後，就叫做「架構」。

只要知道常用的架構，就能在防止缺漏和重複的狀態下迅速整理，減少浪費。

上圖就為各位介紹了代表性的例子。

使用「架構」來防止輸入的缺漏和重複。

代表性架構範例

兩項	三項	四項以上
收入／支出	人／物／資金	PDCA
主觀／客觀	心／技／體	SWOT分析
固定／變動	早／午／晚	PEST分析
個人／法人	上／中／下	行銷學的4P
優點／缺點	大／中／小	AIDMA
數位／類比	前／中／後	AISAS
庫存／流動	衣／食／住	業界結構的5F分析
自家公司／其他公司	勉強／浪費／不均	5W1H
既有／新增	Q／C／D	其他
定量／定性	過去／現在／未來	

4

「對立的資訊」也收集嗎？

我在前面的章節提到要小心偏誤。比方說，「確認偏誤」的狀態就存在只看（收集）自己想看的資訊便覺得滿意的風險。

因此，為了在整理資訊階段去除偏誤，也要**從完全相反的角度去檢視手上有的資訊**。

如果輸入的資訊中含有某個（某人的）主張或提案，就要**用至少兩種以上的視角，「毫無缺漏和重複」地去梳理資訊**。

舉例來說，新冠疫情中意見對立的話題之一就是「封城」（※封城…政府在緊急情況下根據法律規定施行的強制命令，如限制人的移動、封鎖城市等）。

在輸入有關「封城」的資訊時，假設只取得贊成派發出的訊息，想必其敘述都是以封城很有效為前提。

是否只從單一視角收集資訊？

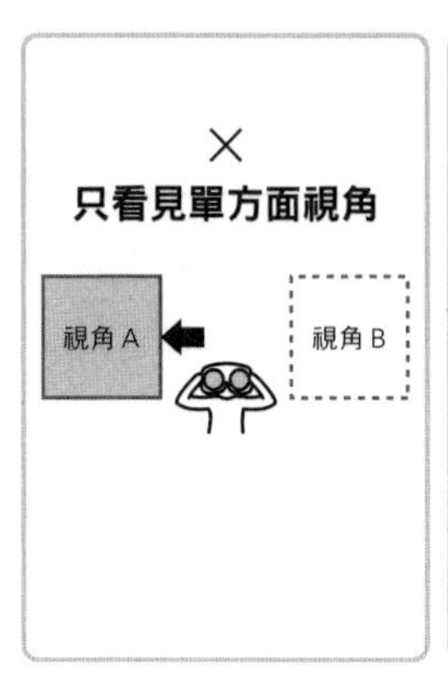

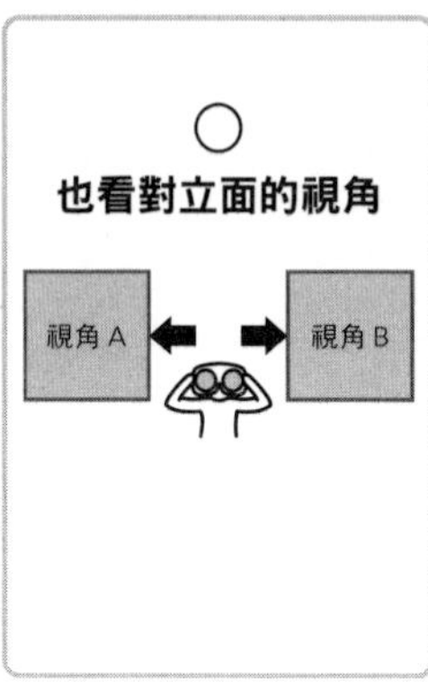

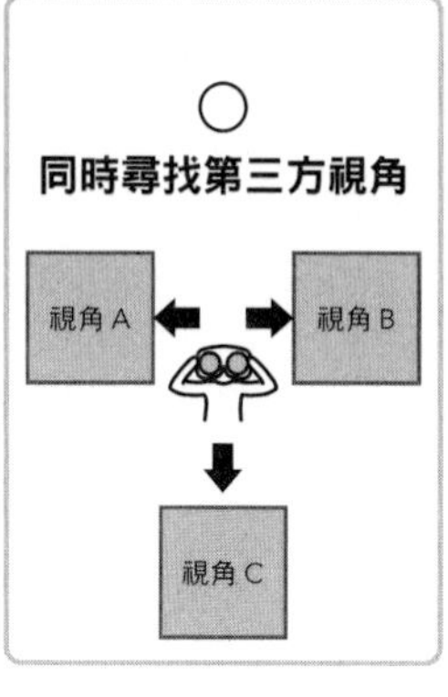

所以，如果只依據贊成派的資訊做判斷，而未驗證實際上是好是壞，很容易得出封城是個好方法的結論。因此要冷靜並有意識地收集含反對封城論調在內的資訊。一旦封城，人的心理壓力會增加，經濟活動停擺，所以反對派的訊息似乎也有道理（在我執筆寫作本書的二〇二一年秋天，包含法律的建制在內，封城的對錯尚未有定論）。

其實這部分也與認知偏誤有關。

不只是開頭提到的確認偏誤，還有所謂的**「採櫻桃謬誤」（只摘好的櫻桃）**。這指的是**只想揀選對自己有利資訊的思維習慣**。

每個人都不想看到對自己不利的事實。然而**這會有風險，一旦摻入太多自己的想法和根據主觀期待所做的推測，就會不知不覺地只收集「於己有利」的資訊**。

為了避開這類風險，讓我們**時時不忘檢查是否不僅從單一側收集資訊，也收集了對立側的資訊**。

以我來說，比如在閱讀新聞報導時，同一個主題我會盡量比較各家媒體的論調。而且除了日本的動態之外，還會同時比較全球動態。這麼做可以防止盲目地相信單一訊息的觀點。

從兩個以上的視角去收集資訊。

離自己較遠的資訊更有價值

在整理的階段也要**檢查「輸入的資訊涵蓋多大範圍」**，即**「全面性」**。

我在前文中已談過，要確認輸入的「**視角**」毫無缺漏和重複。

而現在則要**擴大「視野」整理資訊。從「點」擴大到「面」**。我稱它為「**擴大輸入的視野（範圍）**」。

各位也許會覺得擴大視野，似乎與本書剔除雜訊、嚴選資訊的立場相左。不過，輸入的本質不僅止於收集資訊，還要找出新的想法和可利用的切入點。

請抱持「如何找出高價值資訊」的態度，而不是把收集資訊當作目的。

將視野擴大到三面來整理、詳查資訊。

即「**（第一面）直接相關的資訊、（第二面）周邊資訊、（第三面）不同領域的資訊**」。

「（第一面）直接相關的資訊」一如字面的意思，就是可以立刻判定與輸入前建立的**假設或自己的業務直接相關**的資訊。這部分可能比較容易想像。

比方說，如果從自家公司的角度出發去思考，就是「顧客的需求、競爭的動向、自家公司的資源（如經營資源）」。不過，**只看自家公司（自己）周遭的狀況會誤判情勢**，尤其是在工作上，因此要擴大到第二面。

「（第二面）周邊資訊」要輸入**自家公司（自己）所屬業界周邊的動向，和相近業界的動向**。

比方說，如果是出版業的話，互相爭奪閱讀時間的智慧型手機內容市場、作者自行舉辦的演講或研討會業界，以及考慮到透過影片而非書籍直接對用戶提供內容的作者日益增多的現狀，影片發布服務的資訊也許很重要。不過，請牢記不是盲目地擴大範圍，要依據目的、目標和假設輸入資訊。

最後是「（第三面）不同領域的資訊」，即**從自家公司（自己）的角度看不同領域（遠方**

擴大視野整理資訊

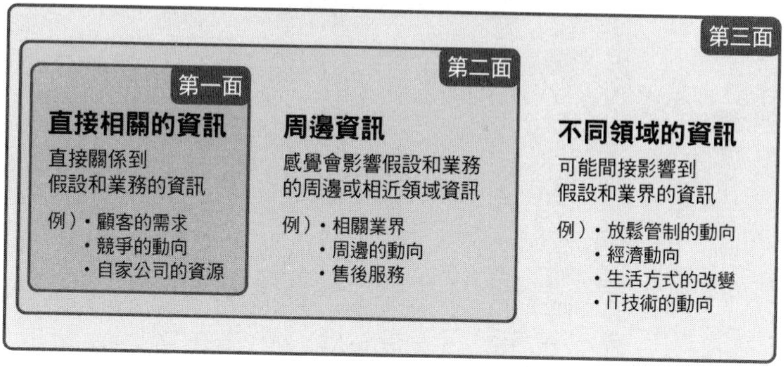

第三面

第二面

第一面

直接相關的資訊

直接關係到
假設和業務的資訊

例）・顧客的需求
・競爭的動向
・自家公司的資源

周邊資訊

感覺會影響假設和業務
的周邊或相近領域資訊

例）・相關業界
・周邊的動向
・售後服務

不同領域的資訊

可能間接影響到
假設和業界的資訊

例）・放鬆管制的動向
・經濟動向
・生活方式的改變
・IT技術的動向

世界）的資訊。此領域的資訊在不久的將來可能很重要。一有什麼大的變化，即使目前沒有直接關聯，但不分領域都會間接受到影響。**因為世界總會在某個地方相連**。

比方說，讓我們用零食的例子思考一下。

看看便利商店裡陳列的商品，各位有沒有發現單個包裝的小包商品、訴求不會弄髒手的商品，和單手可以拆封的商品年年在增加？

其實這狀況和與零食業相距甚遠的智慧型手機業界有關。

也就是說，現在的零食不是單靠「口味」和「品牌」決勝負，還很重視「能否一手拿著手機輕易打開包裝、方便食用」。

從零食市場的角度來看，智慧型手機市場原本是完全不同的領域（業界）。不過事實上，智慧型手機普及所造成的生活方式改變，也影響到零食市場。

皮包業界也是如此。近年，雙肩包風格已漸漸滲透到過去以單手提公事包為主流的商務場景中。

西裝逐漸休閒化是直接原因，但事實上智慧型手機的出現似乎也有影響。選擇雙肩包可以空出兩手，方便操作智慧型手機，似乎有愈來愈多消費者基於這個理由從公事包轉往雙肩包。皮包業界和智慧型手機業界，原本應該是相距甚遠的不同領域，對吧？

還有來自不同領域的資訊改變了業界的例子。

就是「ＯＬＦＡ」這個牌子的美工刀。以前只要刀刃受損變得不銳利，就會把整把美工刀扔掉。某位人物覺得這樣很浪費，想起二次大戰戰敗後，進駐日本的美國大兵啃咬的片狀巧克力。

「有了！如果在刀片加上折斷線，做成像片狀巧克力那樣，鈍了就把它折斷，這樣一片刀片就能多次更新刀刃！」

據說，「ＯＬＦＡ」這種刀刃受損就折斷再繼續使用的款式因而誕生，後來還創立了現在這家公司（參閱ＯＬＦＡ公司的網站）。

刀子和片狀巧克力本來應該是天差地遠、完全不同的領域，但不同領域的資訊在商品開發上派上了用場。公司名稱也取「可折刀片」的諧音，命名為「ＯＬＦＡ」。

如上所述，**不同領域的資訊有時會創造出新的價值，所以在整理階段務必確認輸入資訊的全面性——是否已含括三個面向**。

不同領域的資訊中也有很好的提示。

6

具備「鳥眼、蟲眼、魚眼」

檢查過「視角」，並已拓寬「視野」的話，現在讓我們來換個「位置」檢視資訊吧！

這裡所說的「**位置**」，指的是「**眼睛的位置**」，即「**從什麼位置觀看**」。

這意味著改變觀看的位置，但我嘗試用**改變「高度」觀看**的方式，好讓各位更容易理解。

從高的位置到低的位置，有時甚至低於水面。改變高度可以更容易縱觀全局。

它**同時也有助於人去思考「是否過度受制於單一資訊」，有預防偏差的效果**，因此讓我們有意識地轉換「位置」吧！

代表性的「觀看位置」有「**鳥眼、蟲眼、魚眼**」。

所謂「鳥眼」，就是從高空俯瞰全局的感覺。也可以用宏觀一詞替代。

比如說，以全球的角度來理解市場時、產業結構、生活方式等。請把「高度」提升到能放

對檢查資訊有用的三種觀看方式

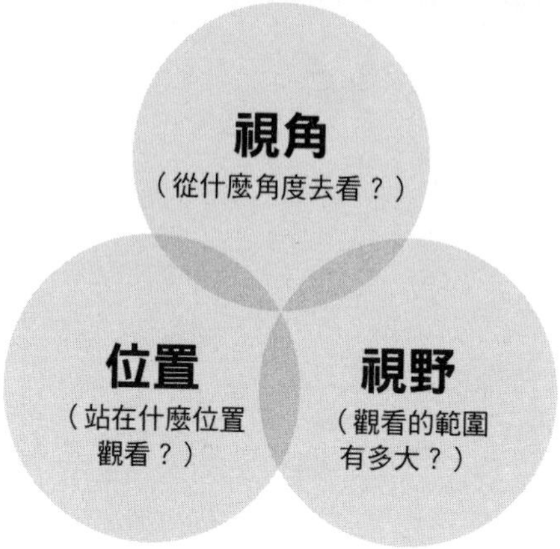

視角
（從什麼角度去看？）

位置
（站在什麼位置觀看？）

視野
（觀看的範圍有多大？）

眼整體的位置。

這與先前提到的擴大視野類似，但提高觀看的位置（一度登高遠眺）會讓人更容易看見「該擴大到什麼程度」。

即使在日常生活中，靠得太近也可能無法看清全貌，對吧？

舉例來說，假設你開車時一直看著前方車輛，覺得「奇怪？怎麼感覺車速很慢」。如果這時能乘著哆啦A夢的竹蜻蜓直上雲霄，從映入眼簾的訊息，如「整條路都在塞車，前方五公里處有事故車停在那裡」，應該就會知道明確的原因。

這是我朋友的真實故事。

他時常感嘆：「我現在的公司薪水低，資訊化又落後」，可是縱觀整個產業和業界，事實上那家公司的薪資水準很高，資訊化也比其他公司進步。

很多事要站在不同高度去看才會發現。**所謂的改變位置，不妨想像成你手上拿著竹蜻蜓俯瞰全局**的樣子。

「蟲眼」的意思是，一旦透過「鳥眼」俯瞰全貌，確認哪裡有重要的資訊，就降落地面靠近觀看。可以用微觀一詞代替。

比方說，如果從「高空」看見針對男性的市場在擴大中，就降落地面仔細檢視男性市場。

說是男性，但其實有許多切入點，如「年紀」、「居住區域」、「家庭成員」、「職業」、「所得」等。

或者，假設你透過鳥眼俯瞰，發現「問題出在

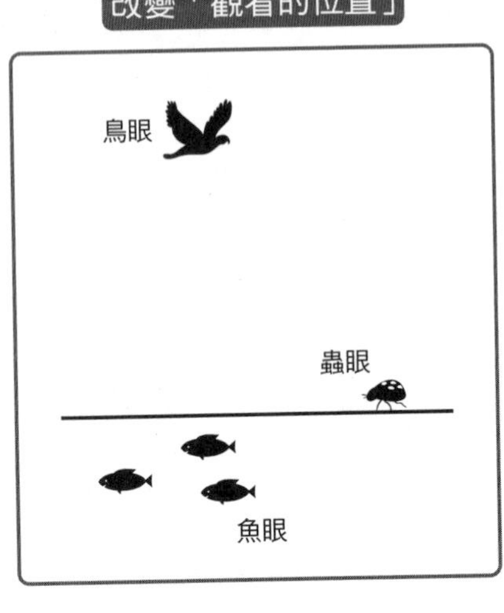

整個公司的資訊共享並不徹底」。

這時就用「蟲眼」去仔細查看與問題有關的資訊，如：「資訊共享」是指「開會？」、「共享的規則？」、「訊息系統？」、「運用資訊的意識？」等。

另外，關於「徹底」一詞也要詳細檢視「什麼事做了多少」。**抽象的資訊和話語要透過仔細觀看提高解析度，來檢查資訊的品質**。

如果以相機作比喻，就是**時而用「蟲眼」將景物拉近，時而用「鳥眼」將景物推遠，一面切換觀看的位置，一面檢查資訊有無缺漏和重複，並辨別好的資訊**。

最後，讓我們潛入水中從另一個位置觀看資訊。這就是「魚眼」。

「魚眼」是用來觀察「整體走向」，如同魚看水的流向游動。

「鳥眼」和「蟲眼」是「截取現在的訊息」，可說是「**靜止圖像**」。「魚眼」是觀察從過去到現在並推測未來的發展方向，因此要把它想像成「**動態的影像**」。

以人口減少問題為例。只要知道過去什麼時候的出生人數較多，即可推測當人口較多的年齡層為人父母時，出生人數會變多（以單純計算的情況而言），於是就能知道今後哪個地方的出生人數會增加這一類的趨勢。

此外，有人說音樂業界發生的事也會發生在出版業界。

在音樂業界，過去以CD包裝販售的音樂因為被數位化，導致CD賣不出去。

不但如此，像CD店這樣的店鋪也減少，消費者通常是一首一首直接下載歌曲，完整專輯這種高單價的形式變得很難賣。於此之後，靠現場演唱會、周邊商品收入等音樂以外的事物獲利的個案增多（新冠疫情期間除外）。

換句話說，就是有形的東西消失，音樂被以數位形式直接賣給消費者，歌手則能從音樂內容以外的事物獲利這樣的趨勢。

如果是我，我會根據這樣的趨勢整理線索，以建立「出版業界今後將如何演變？」的假設。因為，說不定有一部分的發展趨勢會與音樂業界相同。

切換觀看的位置
就能得到新假設的線索。

有用的資訊只有「三個」

說是「整理」資訊，但如果只是把資訊「弄整齊」，並無法辨別何者是好的資訊。手上已經有眾多訊息了，何況還要防止缺漏和重複……。想著想著，便覺得所有訊息看起來都是好訊息。

對於這種情況，建議各位要建立準則。

大前提是要**保有「不是所有資訊都有用」的態度，依自己的方式從收集到的各領域資訊中先選出「三個」**。

想一想，我們身邊充斥許多依三個面向去整理資訊和想法的例子。交通號誌的顏色也是三種。到底為什麼是「三」呢？

依感覺來說，總覺得三個左右的資訊「剛剛好」、「很穩定」。

被整理成「三個」的例子

三大〇〇、世界三大美女、
上／中／下、心／技／體、
報／聯／商、過去／現在／未來、
陸運／海運／空運　等等

就措辭來說，我們常會聽到「十大〇〇」、「七大〇〇」的說法，但在整理上，十和七似乎有點多，一下子記不住。

因此在整理資訊時，第一步就是粗略先挑出三個左右的資訊。

事實上，密蘇里大學認知心理學者尼爾森・考恩在二〇〇一年發表了**人的記憶容量極限為「三～五塊（訊息區塊）」**。處理牽涉眾多元素的複雜資訊和想法時，先縮小到「三個左右」去思考會很有效。

該如何從海量的資訊中挑選出三個呢？基本上就是按照輸入時設定的「終點」和根據它所建立的「假設」，選擇感覺品質好的訊息。

選擇時可以自己在腦中仔細考慮，或是多人一起開

從大量資訊中挑出三個

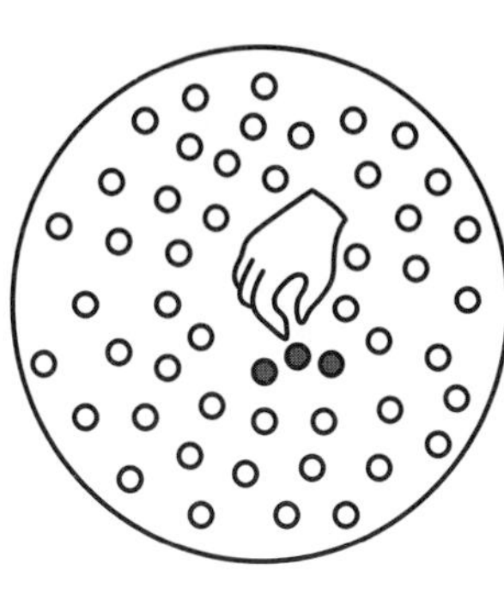

會討論再做決定，但**一開始也請重視直覺**。

說到直覺，往往讓人覺得像是胡亂押寶，但直覺真的是賭博式的決策嗎？

這是對直覺和瞎矇的誤解。我對「直覺」的定義是，**根據過去的經驗、知識和思考瞬間提出的假設**。

也就是說，直覺也有一定的依據和得出答案的道理在，因此所選擇的資訊似乎相當準確。

而「瞎矇」只是期待好運出現，毫無道理可言。直覺和瞎矇表面相似，實則不同。

假使在運用資訊階段發覺不對勁，只要重新選擇即可。不實際運用就不會知道哪個是正確答案，乃是工作的現實，但大致推斷是有可能的。

當你想一口氣排除雜訊（與終點和假設無關的資訊）進行揀選時，**根據設定的終點和假設，利用「〇〇中最好的三個是？」這句通關密語先選出三個**。

如果是和多人一起工作，也請用同樣的方式問「最好的三個」。這個階段不必在意三者的優先順序。輸出（例如：寫文章或提案發表）時再去分出優劣，在那之前就專心選出三個。曾經有人問我：「不能選四個或五個嗎？」原則上「三個」只是概略的指示，所以不必執著於「三」這個數字。請依個別情況因應。

先憑直覺選出「三個」。

資訊的「鮮度管理」

冒昧問一下，你平常會定期倒垃圾嗎？

我居住區域的規定是，週一收一般垃圾，週二收寶特瓶和瓶瓶罐罐，小件金屬的話是每個月的第一和第三個週五收。相信你也是按照規定的時間倒垃圾。

那麼關於「資訊」又如何呢？會定期「清垃圾」嗎？

這次我要談整理過程中**如何捨棄不必要的資訊（雜訊）**。

我從事顧問工作，經常在支援企業的新業務。這是我當顧問時發生的事。

我依客戶的行業別，將與新業務相關的主題用透明文件夾分類，當作參考資料，並收存報紙剪報。那是智慧型手機尚未問世，通訊速度還是3G的年代。

當我要寫企畫書，試圖利用存放在透明文件夾裡的文章時，那些本該是有用資訊的文章根本不能用。透明文件夾經過半年以上沒整理，裡面的資訊已不新鮮，過了賞味期限。意思就是，參考資料和材料已過時。

這時我才趕緊重新收集最新的資訊，但時間不夠，只能交出一份內容淺薄的企畫書給客戶。不用說，當然被客戶退件。

隔年智慧型手機問世，全球化加速；這是我還很年輕，還在艱苦奮鬥時的事。

總而言之，世界瞬息萬變，而我卻一如既往用同樣的步調處理資訊，未做更新。從那之後，我更加注重**資訊的鮮度**。

現在，我「每個月最後一天」都會重看儲存的資訊。**一個月定一天「廢棄日」，區分有用的資訊和沒用的資訊，不要的資訊則當雜訊丟掉**。

工作和社會情勢每分每秒都在變化。為此，我每天整理與現在正在推動的工作直接相關的資訊，**同時每個月重新評估一次平時儲存的資訊，一年會重新評估十二次**。

如果是「有空再做吧」，肯定會覺得太麻煩而不再執行。所以要**事先在計畫表上註記「資訊廢棄日」，重新評估資訊，把不要的扔掉**。這麼做可以不必仰賴個人的意志，讓資訊廢棄變成例行公事。

以我來說，由於平常儲存的資訊幾乎都是數位資訊，所以事實上是重看存在Evernote、Google Keep等雲端硬碟的資訊。

我會大致看一下分類表，檢討該類別是否必要。接著，一邊快速閱讀各類別中的資訊，一邊做取捨。

捨棄的標準有三點：①**偏離輸入目的和目標的資訊**；②**與假設不相干（關聯性消失）的資訊**；③**內容明顯已有變化的資訊**。

③的情況如果要舉例，就是現在即使傳出「某餐飲連鎖店將以新形態大量展店」的消息，但下個月可能因為新冠疫情使情況突然生變，因而「歇業」、「擴充設備兼營外賣」等改變方針。

如上所述，即使短短一個月，情況也可能翻天覆地地改變，因此必須至少每月更新一次資訊。

尤其③要特別注意。不僅是如新冠疫情這種社會情勢的變化、地震、颱風等自然災害的問題，商業環境同樣是只要一個月的時間就會如黑白棋般整個翻盤。

即便有最新消息稱「汽車製造廠轉向EV化」，但假使Google收購了日本的汽車製造廠，則汽車市場可能立刻被汽車使用數據的應用、車內數位廣告的新型態商務等「數位經濟」的訊息給覆蓋。

就保持資訊鮮度這層意義上來說，也要定出資訊廢棄日，根據三項條件一個月大約檢查一次，扔掉不需要的資訊吧。

因為在手上留有過期沒用資訊的情況下，即使輸入新的資訊，也會因為含有大量無意義的資訊而變得難以整理。

在整理的當下折衷「好不容易輸入扔掉可惜」的心情，找到一個平衡點也很重要。

一個月重看一次儲存的資訊。

整理資訊應當注意的「陷阱」

到目前為止，提到了整理的基本步驟和注意要點。

這一章的最後，我要稍微談一下應當注意的三件事。請確認整理好的資訊是否真的為優質、可利用的資訊，並努力排除不必要的資訊。

① 是否誤把「意見」當「事實」？

我們在整理輸入好的資訊時，偶爾會有一些乍看似乎滿有道理的資訊，但其實只是某人的個人意見。

使用數字有系統地整理過的資訊，尤其容易看起來像「事實」，因此需要**有意識地將「事實和意見」或是「客觀和主觀」切割開來整理**。

如果沒有清楚分辨而誤解，就有可能因為某人的想法或自己的誤會曲解訊息。

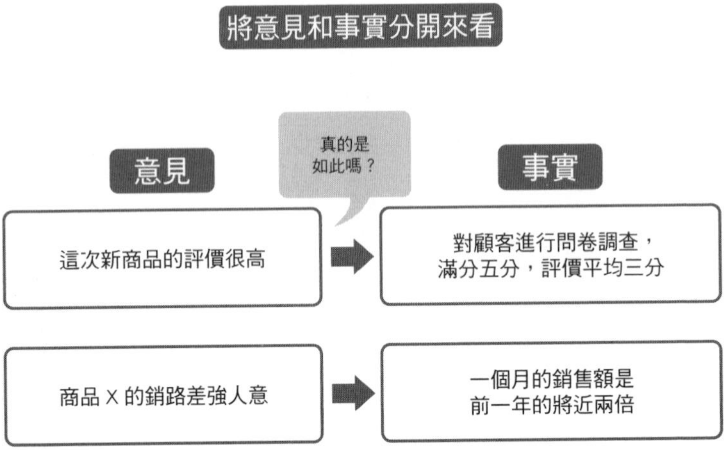

將意見和事實分開來看

意見		事實
這次新商品的評價很高	→	對顧客進行問卷調查，滿分五分，評價平均三分
商品Ｘ的銷路差強人意	→	一個月的銷售額是前一年的將近兩倍

真的是如此嗎？

有兩點應當注意。即：①**模稜兩可的話**；②**經過剪裁的資訊**。

「①模稜兩可的話」即使沒錯，但有可能只是基於個人的意見。

比方說，假設有「這次新商品的評價很高」這一類論調的消息。

當你仔細核對事實，如果是滿分五分的問卷平均得到三分，真的能斷定評價很高嗎？

當然也要依據內容，也許是主張「評價高」這一方基於個人價值觀的意見。應該也有些人會很務實地認為「三分」是普通水準。

同樣的，即使有「商品X的銷路差強人意」這種論調的訊息，但如果實際數據超過前一年，一個月的銷售額是前一年的將近兩倍，那麼這論調或許不過是提出的一方基於期待的個人意見。

如上所述，「模稜兩可的話」中混合了意見和事實，因此有必要轉換成具體的表達方式，將兩者「切割開來」。

新聞媒體常常使用「②經過剪裁的資訊」，要小心。

因為當用數字表示，敘事變得淺顯易懂時，會讓資訊看起來合情合理。那資訊是否摻雜某些不必要的訊息？事實是否經過剪裁，被某人所扭曲？

比方說，新冠疫情爆發以來，媒體開始連日報導新增確診人數，就是「今日新增確診人數增加到〇〇人，情況不妙！」這樣的論調。

新增確診人數一多，人們當然會感到害怕。不過，除非知道占人口和檢驗數量的比率，否則無法判別情況真的很危急？還是須注意但趨向穩定之類的。

同樣是一百人，但分母是一千萬人（確診率〇・〇〇一％）的情況，和一萬人（確診率一％）的情況，意義完全不同。

是截取一部分事實再加上媒體方的某個見解（報導情境）？還是純粹只有事實？不把資訊

的意見部分和事實部分切割開來核對的話，會錯認本質。

② 那是「相關關係」？「因果關係」？

其次**要注意避免把「相關關係」和「因果關係」混為一談**。

所謂「**相關關係**」是指兩件事有某些關聯性。如：「A增加時，B也增加」這種關係。

「**因果關係**」則是指「一方為原因、另一方為結果的關係」。如：「因為A增加（原因），所以B增加（結果）」的關係。

兩者雖然相似，但卻是不同的概念。

比方說，假設有數據顯示「使用智慧型手機時間長的小孩，成績較不使用智慧型手機的小孩差」。想像中，總覺得這資訊看來很正確，對吧？

可是，這訊息真的意味著「因為觀看智慧型手機的時間過長，所以成績較差」（因果關係）嗎？或者只是「成績差的小孩碰巧觀看智慧型手機的時間也很長」（相關關係）呢？

事實上，必須比較多個項目和例子，再多吸收一些資訊才能夠判斷。

況且，一旦調查對象偏頗，出現別的數據，如：其實「沒使用智慧型手機的小孩也有不少人成績低落」，或是「觀看智慧型手機時間長的小孩成績也很好」之類的，原本的資訊就會被徹底推翻。

像這樣**盲目地吸收資訊會錯認本質**。因為同一時期，有可能碰巧存在感覺似乎相關的訊息。

你是否聽過以下的都市傳說呢？

這些全是基於事實的資訊，有強烈的相關關係。

「演員尼可拉斯・凱吉演出多部電影的那一年，游泳池的溺斃人數也會很多」。

這當然純屬巧合，不表示因為他演出很多電影，游泳池的溺斃人數才會增加，對吧？當中並不存在因果關係。

另外還有數據顯示，當珍珠奶茶蔚為風潮，

要小心偽相關

尼可拉斯・凱吉一年演出的電影數與泳池溺斃人數

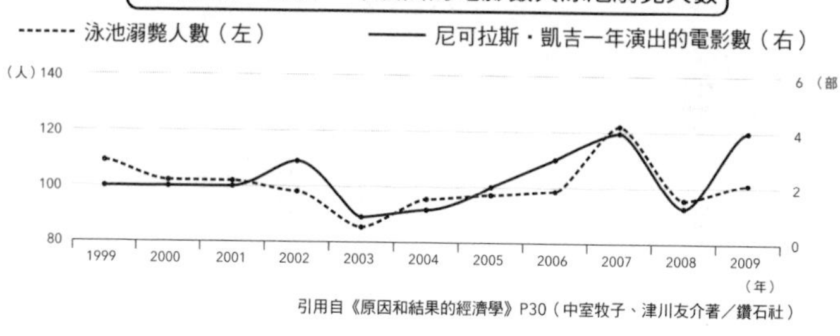

引用自《原因和結果的經濟學》P30（中室牧子、津川友介著／鑽石社）

珍珠奶茶熱潮與不景氣

1992年 第一次珍珠奶茶熱潮 → 泡沫經濟破滅持續探底
2008年 第二次珍珠奶茶熱潮 → 雷曼兄弟風暴前
2019年 第三次珍珠奶茶熱潮 → 新冠肺炎風暴前

之後景氣就會衰退。

像這樣看似一方與另一方連動產生變化，但原因和結果並沒有關係的情況，稱為「**偽相關**」。

珍珠奶茶流行後不久景氣便衰退的數據，確實存在時序關係，但非因果關係。

乍看之下是根據數據而來的事實，所以很可能會盲目聽信，或是加以曲解。

為免這種情況發生，我們**有必要時時保持懷疑的態度（批判性思考），冷靜地判斷資訊**。

面對資訊要保持懷疑的態度。

③ 進一步思考「所以呢？」、「為什麼會這樣？」

如果已完成資訊分類的話，現在請用**「所以呢（So What）？」**、**「為什麼會這樣（Why So）？」**這兩個角度去思考一下資訊的意涵。

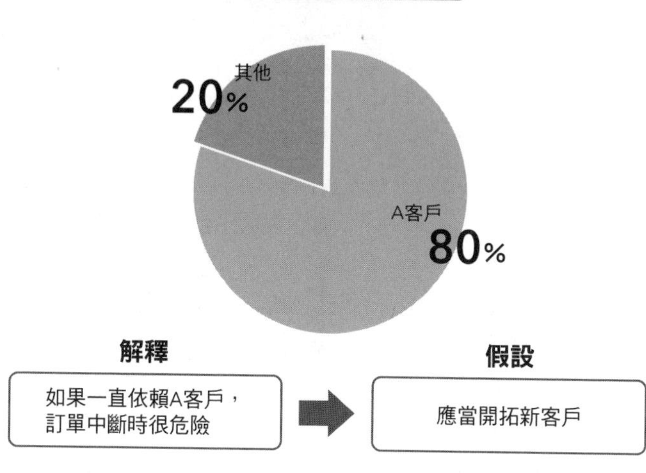

舉例來說，假設有資訊顯示「A一家公司就占了整體銷售額的八〇%」。一直看著這資訊也只會發出一聲「是喔～」，不會產生下一步行動。

要去思考「如果一直依賴A客戶，當訂單中斷，公司可能會倒」（**解釋**），從而產生新的計畫──「應該降低對A客戶的依賴，開拓新客戶！」（**假設**）。

也就是說，手上不僅要備齊完整的資訊，還要自問「所以呢？」，**轉化成自己的解釋和假設，否則只有資訊的話，在工作上並不具價值**。

如果是上述資訊，就是要思考：為何會演變成只依賴A公司？

比方說，可設想的原因有：「長期怠惰沒去開發A公司以外的客戶」、「A公司雖然單價低，但訂貨量大，可提高工廠的設備利用率」等。既然已設想到原因，就能從原因去推想接下來該採取什麼行動，並建立新的假設。

所謂的資訊只是過去的結果，已經結束。

因此，資訊本身並沒有價值，要「解釋」其意義、背景和原因，並產生新的「假設」——「接下來要怎麼做？」，或是修正原本的假設，這時才具有價值。

「資訊整理」指的不只是做到整齊、容易利用，還要自己用腦思考，好讓資訊變得「有可利用的價值」。

自己用腦思考，為資訊創造價值。

第 4 章

用最少資訊獲得最大輸出的方法

【輸出篇】

1

傳達方式由事前的「思想整理」決定！

獲得高品質的資訊後，你會做怎樣的輸出？

「說和寫」（透過語言文字傳達）在工作中占了很大一部分不是嗎？從公司內部簡報、與客戶洽商到開會，以及電子郵件、企劃提案、製作報告等等，經常都需要透過語言文字傳遞訊息。

好不容易取得高品質的資訊，若不能好好地輸出也是白搭。因此，在這一章裡我要來談，如何在不受雜訊左右之下進行輸出。由於這會揭露我所有的看家本領，其實是我不想談的企業機密……（汗）。

首先，我想說的是，**「不要」一開始就輸出訊息**。

不僅思考「要傳達什麼」，還要思考「如何傳達」

What	How
要傳達什麼？（訊息的內容）	如何傳達？（訊息的傳達方式）

如果你遇到一個講話衝動，未梳理要傳達的訊息就脫口而出的人，會有什麼感受？

不會覺得「麻煩你整理清楚一點再說！」嗎？

重要的是，說之前要考慮**內容是否合乎對方需要？是否是自己最想傳達的訊息？同時「整理自己的想法」**，好讓對方更容易聽清楚並理解自己要傳達的訊息。

就算訊息的內容很好，但也不是原原本本地告訴對方就能輕易地傳達。畢竟，對方肯定也輸入了各種各樣的資訊，而非只對你的訊息感興趣。

希望各位對「如何（How）傳達」也有強烈的意識，而不是只在意傳達的內容（What）。

那麼，我們該如何整理腦中的想法，在傳達方式上下工夫呢？

首先要記住一些基本「模式」。就是**事先將一些容易向別人傳達的「範本」下載在腦中的感覺**。

以前，我經熟人介紹，認識一位保險公司的推銷員。由於耳聞他約四十歲，是個頂尖的推銷員，所以我記得見到他時我很緊張。

不過，實際會面後，卻意外發現他講話結結巴巴，口才並不便給，以至於我懷疑「他真的是頂級推銷員嗎？」。

然而一談到工作，就非常淺顯易懂，很容易說服人。後來，我爽快地蓋章正說明了這一點。

他注重的不是要傳達怎樣的訊息，或是以多麼巧妙的話術傳達，而是**好好地將商品資訊故事化，好讓對方容易聽懂、理解**。

就算他講話不流暢，但訊息條理分明，因此對方也能強烈感受到訴求重點。

這是頂尖推銷員才有的技藝嗎？

觀察其他在工作上做出成績的人便知，絕非如此。在傳達方法上，他們在各種場面都使用準確度高、能取得成果的「模式」，而不仰賴自己的敏銳度和天分。

不論任何時候、對象和情況都能在一定水準上獲得相同成果，稱為「**可重複性**」。**取得成果的人會在利用高度可重複的「模式」梳理自己的想法時，產生輸出的巧思**。也就是說，對於輸出，事先用範本整理腦中的想法要比怎麼說來得重要。

輸出的事前「整理」比「怎麼說」重要。

簡化輸出的「模式」

這裡要介紹使輸出變簡單的代表性「模式」。

即「**SDS法**」和「**PREP法**」。取各個要傳達項目的頭一個英文字母命名。對說和寫都有效。

所謂「SDS法」，就是以「**Summary（摘要）、Detail（細節）、Summary（總結）**」整理的方法，對於要在很短的時間內將概要傳達給人，方便好用。

「PREP法」則是依照「**Point（結論）、Reason（理由）、Example（實例）、Point（結論）**」的順序整理，即使資訊量大也能簡單且具體地傳達的方法。

舉例來說，直接套用PREP法就會像下面這樣：

簡單傳達訊息的兩種模式

SDS法

Summary：摘要
Detail：細節
Summary：總結

對方未充分理解前提和背景時，用很短的時間傳達概要的「模式」

PREP法

Point：結論
Reason：理由
Example：實例
Point：結論

對方已了解前提和背景時，簡潔且具體地傳達的「模式」

（Point：結論）我提議禁止使用電子郵件的副本欄。

（Reason：理由）理由是電子郵件數量太多導致生產力降低。

（Example：實例）以前曾經發生重要郵件被淹埋而造成問題。

（Point：結論）因此，我認為應該禁止使用副本欄。

即使是要傳達的訊息很多、內容複雜，**如果使用SDS法，只需把訊息匯入「三個抽屜」，PREP法的話是「四個抽屜」**，就能簡單構成一個故事，是非常方便好用的思考方式。

事前使用模式整理資訊，無非是要「提前清除

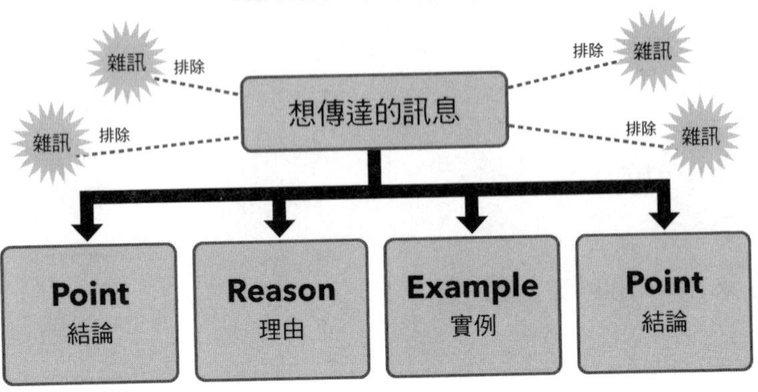

你想說的內容中的雜訊」。

不事先設下限制的話，傳達時會這個、那個加入各種不必要的訊息，使談話變得複雜又冗長，很難傳達給對方。

利用「模式」整理資訊，以事前清除不必要的訊息。

用單一訊息傳達的技術

「智者會用簡單的方式思考複雜的事」（哲學家・蘇格拉底）

這是我在輸出時奉為圭臬的聖經式格言。

輸出要注意簡明扼要，並去除雜訊。這不僅是為了使自己能取得成果，要說是對於輸出對象的一種禮貌也不為過。因為人們很多時候會覺得聽他人說話、閱讀文章「很麻煩」。

我的工作是在進修講座和演講中說話，偶爾也會當學生，聽其他老師上課。於是，我總會覺得：

「話好多，敘事好長，這投影片什麼時候才講完啊？」

當然，我缺乏專注力也是一個原因，但即使傳遞訊息的人講得再好，一邊思考一邊聽講或閱讀以徹底掌握本質，仍然是很吃力的行為。

何況，聽完對方的話之後，並不會產生成就感。

反過來看，傳遞訊息的一方又如何呢？

講話、書寫的當事人因為知道要在哪裡結束，所以能保持專注力。而且講完後便無事一身輕，因而會有成就感。

傳遞訊息者和接收者的心情完全相反。因此，除非傳遞訊息者對「**如何說得簡明扼要**」保有強烈意識，否則很難做到讓對方滿意的輸出。

在我二十來歲還是個菜鳥時，有一次被客戶公司的老闆怒罵。

「你的話太冗長！你把自己吸收的資訊一個一個跟我介紹要幹麼？給我挑一個最重要的說！」

只有一個，不可能吧？我不知如何是好，但他的話確實點醒了我。

「即使所有的資訊都很重要，還是要分出優劣，簡單地傳達出核心訊息，否則對方很難記得住」。

我也是在這時候學到「**訊息數量和傳播情形呈反比關係**」。**訊息數量愈多，傳播情形便愈弱**。

從此之後，我把「**哪個是最核心的訊息？**」當咒語般背誦，養成事前充分推敲後再說的習慣。並將核心以外的部分視為雜訊去除。

製作文件時也一樣。**以「一句一結論」、「一張投影片一個訊息」為原則，每一頁、每段文字都設定主軸，去除不必要的訊息，以凸顯要關注的焦點**。

結果，現在它是身兼作家、進修課程講師和演講者的我的武器。

作詞家秋元康先生以前談到作詞的方法論時，這麼說：「你會記住鰻魚便當，但不會記住幕內便當（※由米飯和多種配菜組合而成）。」意思是，就算你輸出各種各樣的訊息也不會給人留下印象，所以只要一個就好，傳達一個有特色的訊息吧。

這句話徹底說中了輸出的要訣。

感覺可能有人會嗆我：「話雖如此，但我就是無法做到簡明扼要才煩惱啊！」難道只有文筆佳、有品味的人才能做到簡明扼要的輸出？

不，沒有這回事。我先前介紹過一個具「可重複性」、「**能使資訊簡明扼要的祕方**」。

舉例來說，假設我要向人強烈推薦這本書。

如果未經任何梳理，滿富情感地向人推薦，就會像下面這樣：

> 我長年醞釀的構想終於成書了。
>
> 這是我幾近每晚熬夜寫作，持續兩、三個月總算完成的力作。
>
> 在前景難料、愈趨複雜的時代，為了讓思路總是亂糟糟、煩惱不已的你可以頓時清爽，我寫了一些尤其是在工作中能輕而易舉地輸入和輸出的簡單方法。
>
> 若能活用本書的內容，將會讓你在工作上獲得最大的成果！

讀完這段文字，你一定會心想：

「好長喔！最想要說的是什麼？」那麼，我們該如何整理這段文字呢？

〈第一步〉「因數分解」

首先，**暫時把情感放一邊，抽出幾個應傳達的訊息條列出來**。

開頭那句「我長年~的力作」，在別人看來與本書的魅力絲毫無關，純粹是我個人的感受，要視為不必要的訊息捨去。

接下來「在前景難料~」以下的敘述是說明本書特色的部分。

捨去個人情感——雜訊，分解抽出應傳達的訊息，結果就是以下四點：

①前景難料、愈趨複雜的時代
②能輕鬆輸入和輸出的方法
③適合總是思路紛亂、煩惱的你
④本書的技巧與工作的成果息息相關

〈第二步〉「檢查缺漏和重複」

其次是**檢查缺漏和重複**。這一次，當你假定只傳達最少的資訊，就不會有缺漏。

不過，「②能輕鬆輸入和輸出的方法」和「④本書的技巧」有部分重疊。

把重複之處看作不必要的訊息，透過整合來化解這問題。優先保留抽象度高的訊息，這是為了讓對前提毫無認識的人先掌握大意，否則即便具體詳述細節別人也不能理解。

①前景難料、愈趨複雜的時代
②適合總是思路紛亂煩惱的你
③只要使用本書的技巧，將能在工作上取得成果

〈第三步〉「設定主軸」

最後，**排出最想傳達訊息的「優先順序」，「選擇一個作為主軸」**。

主軸的設定是透過「傳達的目的」和「對方的需求」這兩個濾鏡來選定。這次「傳達的目的」是讓人購買這本書。

那「對方的需求」是什麼呢？

是②「解決思路亂糟糟的煩惱」？還是③「能在工作上取得成果」？

這要靠前面章節提到的「觀察和洞察」來掌握。

就算我認為「能在工作上取得成果」是本書的訴求重點，但假使對方希望的是②「想解決思路亂糟糟的煩惱」，那主軸就會是②。

最後，①的「愈趨複雜的時代」只是在講述前提和背景，所以就視為不必要的訊息捨棄。

如果你遵照這三個步驟去整理，本書的賣點立刻昭然若揭。

「這本書只要三百二十元，就能解決你思路亂糟糟的煩惱！」

為了吸引人購買本書，加入「只要三百二十元」，並滿足人「消除煩惱」的需求，簡單扼要地傳達。

各位覺得如何？實際情況雖然會因為讀者的需求和課題而有不同，不過，這樣推薦會讓我想把這本書的口碑擴散出去（笑）。

思考看看「如果只保留一個訊息呢？」

過度體貼的表達方式是雜訊的源頭

無論是聽人說話或閱讀文章，常常會覺得有些語詞「沒有必要」。**即便是難得的好資訊也要注意，輸出階段的遣詞用字就可能讓那則資訊頓時變得暗淡**。

比方說，**「否定詞」的用法**。

像是「不少」這種迂迴的說法，你是否也用過？

真要說的話，「不少」含在「多」的範疇內。但如果說「多」的話，會帶有直接陳述事實的意味。

另一方面，「不少」聽起來含有自己的主觀解釋，「我覺得很少，但實際上似乎沒有那麼少」。當然，這類措辭並非不能使用。而是要依「多」和「不少」含意的細微差異區分使用。

不過，如果只說「多」，可能會覺得又硬又直接，而**加入過多體貼對方的話語，會使表達**

變得晦澀不明，要特別留意。

假使在一分鐘的會話中重複多次這種否定式表現，對方會作何感受？恐怕連應當傳達的好的訊息也蒙上一層薄霧。除此之外還有各種各樣的否定式表現，如「不算貴（便宜）」、「不算近（遠）」、「不算免費（有付費）」等。

同樣的否定形式，一旦包含多次「**雙重否定**」，還可能把對方搞胡塗。

比方說，「不是不能做到」的說法。「**否定＋否定＝肯定**」，所以是「做得到」。如果直接說「做得到」，會被人強迫「言出必行」，而且也擔心發生什麼狀況時會給別人添麻煩。於是，出於體貼的心理而有點客氣地說「不是不能做到」。當然，視情況使用是可以的，但頻繁使用或連續使用的話，仍會讓應該傳達的訊息蒙上一層薄霧，產生模糊不清的風險。

另外，「不一定會有人反對」這種說法又如何呢？換句話說就是「可能有人反對」。

一旦過度體貼對方，說話就會變得拐彎抹角。

一九九二年歌手槇原敬之的歌曲〈不想再談戀愛〉大賣。那是一首非常好聽的歌，當時還是高中生的我總是被歌裡的某句歌詞卡住。就是最後一句「我絕對不會說什麼不想再談什麼戀愛」。

我一下子無法領會這句話的意思。於是，試著梳理一下。

首先，「什麼」出現兩次，但沒有意義，所以視為贅詞刪去。「再」和「絕對」只是在表達情緒，所以同樣當作贅詞刪掉。

經因數分解，可大致拆成「不會說＋不想談戀愛」。「否定＋否定＝肯定」，所以是「想談戀愛」的意思。

音樂創作者為了讓聽眾留下餘韻，徜徉於想像中，歌詞使用雙重否定耐人尋味確實很好。

可是一般工作在輸出時如果使用雙重否定，需注意會有應傳達的訊息無法清楚傳達給對方的風險。

尤其要避免在短時間內或一篇文章中連續使用。

對於清楚將訊息傳達給別人的輸出來說，有意識地盡量減少贅詞是必要的。

「否定式表達」用得多會變成贅詞。

5

道理和意象，何者重要？

聽人說話、閱讀文章會加重頭腦的負擔，所以人很容易覺得「麻煩」。這也是我一直在告訴各位的。所以才說設定核心訊息，簡單扼要地傳達很重要。

然而在資訊過剩的時代，很多時候即使這樣仍然難以傳達。

因為眼睛、耳朵接收到的訊息太多，很快就被淹沒。

所以讓我們多花一點工夫。

不要用文字原封不動地輸出訊息，而是用那種能讓想像直覺式地擴大的「譬喻（明喻或暗喻）」來表達。

所謂「明喻」就是直接打比方的表達方式，如「像～那樣」。

舉個例子，與其說「自家遠距上班的房間裡會擺上木製書桌和沙發，使用沉穩色調的燈光，背景音樂選擇巴薩諾瓦或爵士，一邊喝咖啡一邊工作，氣氛和在咖啡館裡工作一樣」，不如用「在**像**星巴克氛圍**那樣**的房間裡遠距上班」來描述，話語雖短，但想像卻會在聽者（讀者）的腦中擴大（前提是對方也知道星巴克咖啡館的氛圍）。

「暗喻」則是不直接描寫，而以間接、隱晦的方式打比方。

比如，「現在的工作困難連連，不管再怎麼努力也感覺不到進展。目的地雖然明確，但完全無法加快速度」，如果在這段文句裡加入暗喻會如何呢？

假設描述成「現在的工作就和全力在下行電扶梯上逆向奔跑一樣」。

「沒有前進、目的地明確但速度快不起來」

⇓用「在下行電扶梯上逆向奔跑」來暗喻

感覺如何呢？提到電扶梯時，腦中是否出現電扶梯的畫面呢？

像這樣**利用譬喻除了可以去除不必要的訊息，把要傳達的訊息瞬間變成簡潔的句子，還能藉由想像，猶如在對方腦中播放「影像」般，讓人留下強烈的印象**。

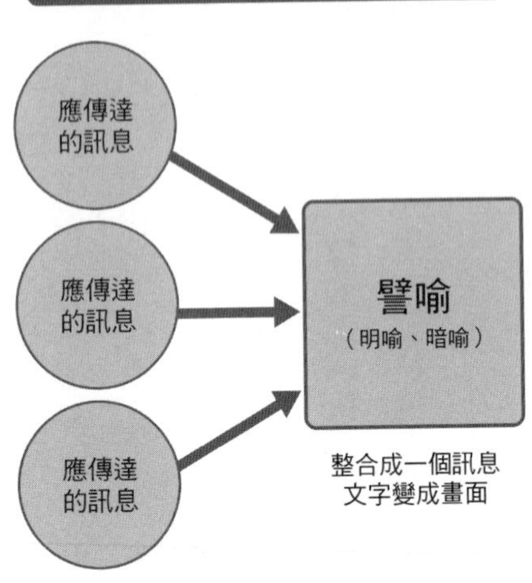

人類的大腦具備有「**圖優效應（Picture Superiority Effect，簡稱PSE）**」的特性，圖像訊息會比文字訊息更容易傳達和留下記憶。

現實中，各位是否有這樣的經驗？聽別人發表和報告時，比起只有話語和文字，附上圖像和照片的簡報更好理解，也較不會感到厭煩。

一般認為大腦處理圖像要比處理文字快速。

本書也是，也許透過影片加上我的講解，或是透過漫畫來理解，各位比較不會感到不耐煩（不過書籍有別的優點，可以邊想邊讀，深化理解和思考）。

知名飲食記者彥摩呂看到海鮮蓋飯時，用「大海的珠寶盒」來譬喻；漫才搭檔「足球時間」的後藤輝基在自己的節目中，看到來賓模特兒又細又長的腿吐槽道：「這是什麼？筷子賣場嘛！」藝人的譬喻功力確實是一大武器。

那麼，我們外行人該怎麼做才能好好使用譬喻呢？為此，只有「自主訓練」一途。

首先，要用「尋找題材」的眼光在日常生活中觀察：「為了傳達這個訊息，可以用什麼來譬喻？」接著，想到可使用的詞語立刻「在腦中按下快門」（這也是譬喻）。

如果要用其他方式表達，或許可以說「在腦中貼上標籤」、「扔進背上的『詞語背包』」，對吧？

經常去想可用來譬喻的詞彙（不僅是工作，也要善用網路和電視），覺得「不錯耶！」就馬上儲存起來。

不過，只是記在腦中很快就會忘記，所以**要記在筆記本裡、製作自己的題材簿，慢慢增進自己的譬喻功力**。

先在筆記本的正中央畫一條直線，將頁面分成左右兩半。左半邊寫想傳達的訊息，右半邊想想「如果換成譬喻呢？」，列出譬喻的文句（鈴木進介《一本筆記讓工作相差十倍》明日香出版社，二〇二一年，書名暫譯）。

只是按道理進行輸出的話，再怎麼出色的資訊也難以打中對方，還會被淹沒在大量的資訊中，要小心。

最後，我想為各位介紹一句至今最令我感動的譬喻，以結束這個小節。

「人生就像騎『腳踏車』，為了不摔倒就得持續前行。」
（理論物理學家・愛因斯坦）

要讓對方腦中浮現畫面，用這樣的心情去表達。

資料是用來展示的，不是給人讀的

前一小節介紹了運用「圖優效應」，透過譬喻來傳達的方法。譬喻是一種藉由「寓言」方式來表現文字資訊，好讓對方腦中能浮現畫面的傳達方法，不過，還有其他方法可以讓訊息更容易傳達給別人。

以文章形式輸出時，相信各位有時也會苦惱，不知該如何用文字表達。推敲著敘述是否「有邏輯？」、「容易理解嗎？」等等。

不過，就算你苦心孤詣，對方也不見得會讀到最後，理解你的用心。

因此，**為了能即時傳達且沒有誤解用意，得要重視「外表（包含圖片、照片等視覺圖像類）」**。這可以讓人比較不費力地讀到最後，並且不會產生誤解。

首要之務是能不能讓人讀到最後。下頁上圖中哪一段文字看起來較無負擔呢？請在閱讀文

使用淺白的語句看起來更輕鬆

日前，我們向供應商提出各種要求，
大抵於三個小時後便收到「不妨試行」的回覆。
因此，與其枯坐煩惱，不如起而行。

日前，我們向供應商提出各種要求，
三個小時左右後便收到「來試著做做看吧」的回覆。
因此，與其花時間煩惱，倒不如立刻先採取行動。

意之前快速掃視一下。

第二段文字中有底線的部分，是將第一段文字裡的部分語句用直白的方式呈現。

以文章形式輸出時，不過度堅持使用艱深成語，使用簡單的詞彙使文章「看起來更輕鬆」，也是一種用心。

文句簡短時不會在意的事，一旦寫成長文，有時就會加重別人觀看和閱讀上的負擔。

閱讀資料固然重要，但**為免增加別人的負擔，讓人快速掃視便能明白意思也很重要**。

所以我會利用圖優效應。

說得極端一點，本書同樣也是只看「目次、粗體字部分、圖像、插畫」即可快速掌握概要，不是嗎？

將文章換成圖

思維方式、所持立場等的「應有的樣子」是人才教育的基礎

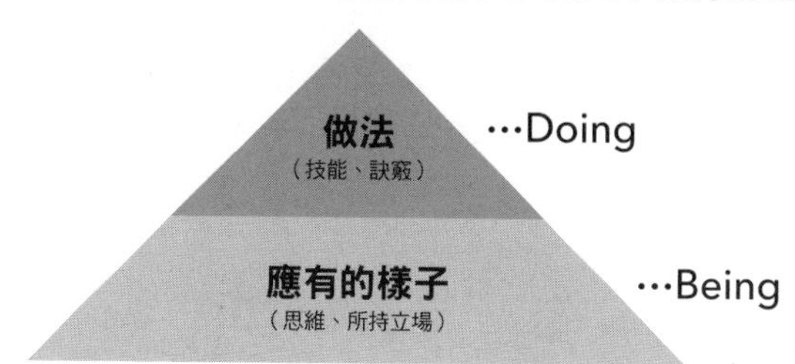

終極目標是連文字都不需要，全部以圖代替。

舉例來說，只「讀」下面那段文字，和「看」上面的圖，何者能立即傳達？

> 所持立場等「應有的樣子」，和技能、訣竅等的「做法」，是人才教育中兩個很重要的視角。不過，「應有的樣子」才是教育的基底。

如果是文字，腦中浮現的內容會因人而異，但如果使用圖像就只會有一種解讀，而不會產生誤解。最重要的是，一眼就能明白意思。

這部分我想告訴各位的重點是**多花一點時間的**

重要性，因為直接輸出手邊握有的資訊，也無法將訊息傳達出去。

把文章整理得容易閱讀、以圖替代文字都需要時間。

不過，在資訊過剩的時代，**花時間細心處理反而有助於消除進入視線裡的雜訊，提高輸出的準確度**。

也要講究文件的「外觀」。

消除雜訊的極致就是「空白」

到目前為止，已經介紹了要花點心思而不是直接原樣傳達、利用譬喻直覺式地傳達，以及透過圖解即時且正確地傳達的方法。

最後，我的目標是**文字和圖片都把訊息刪減到極致，使達到視覺和聽覺皆「零雜訊」的輸出**。

這部分我想告訴各位的是，**大量「留白」的重要性**。

你是不是覺得：「奇怪？行距這麼寬，是印刷出錯嗎？只有孤伶伶的一行字，其他空白部分好浪費！」

也許你會嚇一跳，但這不是印刷錯誤。而是我希望你能感受一下，當我們大量「留白」時，位於正中央最想傳達的訊息具有多大的衝擊力。

你是否遇過覺得難以理解的情況？如：行距緊密排滿文字、連續聽一長串的話等。

從閱聽者的角度來看，**沒有「留白」的輸出會削弱每一個訊息的衝擊力**，所以必須要注意。

即使你好不容易為多個要傳達的訊息排出優先順序，並使用隱喻和圖解，但在視覺與聽覺上毫無空隙，到頭來你想傳達的訊息也會被弱化。

一旦讓人被資訊填滿，無論你說什麼對方都無法吸收。

會話中的「停頓」，就相當於「留白」。

以前，我要更新網站首頁時，為尋找製作公司費了不少心力。因為很少公司理解「留白」的重要性。

「我能理解留白的重要性，但是難得更新，不多放一點資訊豈不**可惜**？」我每次都得到同樣的回覆。

不過，那是自己的觀點，如果從使用者的角度去看，一定會希望一眼就能看出特色在哪裡。

為此，只要釐清最想傳達的事，其他部分刻意多留一點空白，這樣一來，想傳達的訊息肯定就會給人更強烈的印象。

另外，正好那個時候有公司邀我去演講。演講完後，負責該場演講庶務工作的部長這麼對我說：

「我覺得鈴木先生的談話深入淺出，非常棒。資料也簡單易懂，很不錯……。不過，好希望資料裡文字能再多一些。這樣才會感覺物超所值，而且看起來很睿智吧？」

在這位部長的觀念裡，「文字多，聽演講的人才會覺得物超所值」，而且「文字少、空白多，看起來會覺得腦袋不太靈光」。換句話說，他認為沒有內容、資訊少才會出現大量空白。

不過，從聽演講和觀看資料的人的角度來看又如何呢？

一則被文字填滿、毫無空白的故事真的能傳播出去嗎？能被人理解並留下記憶嗎？

從這兩個例子可以看出，有兩個**必須克服的障礙，就是「覺得可惜」和「不想被認為是笨蛋」**。

的確，空白一增加，那部分就成了未做任何利用的空間，會覺得可惜。

不過**正因為留白，才不會有多餘的訊息進入對方的視線，使注意力集中在有限的訊息上**。

再者，有空白真的看起來很笨嗎？

不是因為內容單薄才出現空白。它其實是經過透徹思考，認清什麼是最重要的訊息、什麼是不必要的訊息，將訊息刪減到極致的證據（徹底思考過的證據）。

資料之類文件裡的字又小又多的話，有時確實能表現出冷靜，感覺很理性。

然而，你工作的目的是什麼？輸出的目的呢？

答案應該不是宣傳自己有多睿智，而是把你最想傳達的訊息正確地傳達給人，比方說，如果是談生意，就是爭取到訂單；如果是內部提案，就是獲得上司批准等。

克服「覺得可惜」、「不想被認為是笨蛋」這種內心的雜音，在不受無意義訊息左右的輸出上同樣很重要。

「假使只傳達一個訊息，你會選擇什麼訊息？」

除了百分之百唯一的訊息，其他都請當作雜訊丟棄。這樣就會出現空白（空隙），**使「應傳達、獨一無二的訊息」具有衝擊力**。

「留白」會讓你想要傳達的訊息的衝擊力最大化。

8 去除雜訊以凸顯優點

這回要談的不是「我的視角」，是輸出時「對方的視角」。**對於輸出成果極大化來說，「揣摩（追蹤）對方的心理」至關緊要**。我要介紹兩種方法。

第一種是「**優劣分析法**」。

舉個例子，假設你打算換新車，去找車商。在那裡遇到推銷員拚命向你介紹剛到貨新車的優點。這時你的腦中會是什麼情況？

如果是我，腦中馬上冒出半信半疑的想法（雜音）：「我知道這是一輛好車，可是它難道沒有什麼缺點或壞處嗎？」一旦被人強力推銷就會心生懷疑，有時還覺得很可疑，對吧？

因此，假如我是負責教育推銷員的指導者，我會建議他們這樣說：

要預先消除雜音

「這台車雖然比舊款小一點，但行駛在住宅區裡能靈活轉彎，很安全」等，在介紹優點的同時也要告知缺點。**只講好的部分，對方腦中反而會產生雜音：「沒有缺點嗎？」所以要先發制人，自行揭露**。

而且表達方式不是「優點有〇〇，缺點有〇〇」，而是要像「**雖然有〇〇的缺點，可是優點是〇〇**」這樣，先告知負面訊息。這種表達方式會使對方的心裡一時感到不安。之後，後半段再藉由說明優點，增強優點給人的印象。

就是先故意降低人的興致（期望值），再讓它瞬間回升的感覺。

如上述，當心情陡然回升、情緒的擺盪幅度增大時，對方就會採取行動。

各位聽過「傲嬌」嗎？這是在形容一個人平常總是「氣噗噗」難以親近，但私底下卻害羞怕生。有些人會被這種反差的個性所吸引，這也可以理解。

第二種是「**比較法**」。

這是**利用比較對象讓你想傳達的訊息脫穎而出的方法**。

你在向別人推薦什麼時，對方如果無法判斷品質，一定會想和其他的作比較。也就是說，在比較過程中會有看見其他選項的風險。

再回到前面車商的場景。

由於利大於弊，所以你的心會漸漸傾向推銷員推薦的那款車。

不過，這時腦中又會萌生其他雜音。「這家的車是不壞，可是我還是想比較一下其他廠牌。」

這種情況，如果是能幹的推銷員，一定會事先假設對方會去比較其他廠牌，並研擬談話腳本。

像是「的確，本公司的競爭廠牌B的品牌形象較好，但是故障率高，維修費用可能增加。另外，C廠牌的價格、設計都無可挑剔，但您希望適用於高速公路塞車情況的自動輔助駕駛功能，是我們公司的車才有配備的最新功能」這種感覺。

比較的切入點大致分為「三」類。

①反義詞——類比／數位、成人／小孩、大企業／中小企業等

②組成比率——與全商品比較，新商品占三〇％等

③時間軸——與新冠疫情前相比〇〇、與單身時相比〇〇等

使用這兩種方法預先消除對方腦中冒出的雜音，肯定會讓你的輸出取得成果。

預測對方的心理以消除雜音。

9

應當留意的輸出「陷阱」

在此之前，我一直在談以最少資訊創造最大效果的輸出方法。本章的最後，我要稍微談一下容易掉入的陷阱等兩件應該注意的事。雖然是枝微末節，但累積小技巧就能創造最大的輸出。

（注意①）「標題名稱」是否隨便取？

比方說，你在匯整提案書等的資料時，會使用什麼樣的「標題」？是否會公式化地採用「關於○○」、「○○的提案書」這一類刻板的標題呢？當然，什麼標題較適切，取決於你的目的和對象，但要盡可能避免公式化的命名。在會議等的場合上提議題時也是如此。

「標題」不僅僅是貼在文件上的索引，它要能**簡單扼要地表現輸出內容的主軸**。只是套用

「關於〇〇」、「〇〇提案」這樣的詞彙，並不能帶出主軸的特色。

因此，我**希望各位能「多花些時間」**，添加一點變化。

工作上使用的正面進攻法，大致可區分成以下兩種模式：

・（A）「社會趨勢＋強項」模式

・（B）「目標＋好處」模式

（A）的「社會趨勢＋強項」模式，是種**透過分別加入趨勢和強項這兩個元素來展現吸引力的方法**。

舉個例子，讓我們借用本書的日文書名《不被雜訊操弄的資訊活用力》思考一下！

經因數分解，此書名是由「不被雜訊操弄＋資訊活用力」兩個元素組成。其實這已符合（A）模式（「不被雜訊操弄＝社會趨勢」）。

新冠疫情肆虐以來，諸如電視名嘴的錯誤發言、經由網路擴散的假訊息，我們已被這些噪音操弄了超過一年半之久（截至我執筆寫作的二〇二一年九月）。

什麼才是正確的訊息？不想再在錯綜複雜的世界裡被人耍得團團轉！——我嗅到社會上有

股這樣的趨勢。

於是我思考，能不能藉由出版的形式傳遞一些有用的資訊？是不是可以利用將資訊整理得簡單明瞭以認清本質的能力（「資訊活用力＝強項」）做出貢獻？結果就是本書的出版。雖然經常看到偏重其中一方的表現方式，但有效地將兩者融合至關重要。本書也是，偏重「不被雜訊操弄的方法」或是「資訊活用力」都會像翹孤輪般，只傳達出一半的價值。

其次，在（B）的模式中，**「目標＝輸出對象」，「好處＝對別人有利之處」**。

如果運用此模式，舉例來說就是「為家有高中應考生的育兒世代，消除不知如何與孩子交談的煩惱」這種感覺。

以此標題來說，「為家有高中應考生的育兒世代」會讓人比較容易想像目標對象。而且更容易引起家有考生的父母關心，覺得「這可能跟我有關！」。而「消除不知如何與孩子交談的煩惱」也很明確讓人知道你可以提供什麼有利條件（好處或利益）。相信擁有這類煩惱的人會覺得「如果能消除煩惱，我一定要聽聽看具體對策」。

事實上，我的身邊也有許多家長在煩惱著，該怎麼和心情緊繃用功念書到深夜的孩子說話？或者不說比較好？所以這標題或許沒錯，對吧？

講究標題能夠**去除對方心裡冒出的雜音**：「好老套的標題喔」，**使內容直接傳達**。

而且對方在閱讀資料或傾聽時，也會將標題所表達的價值放在心上，所以有助於**預防對方腦中冒出雜音**。

將價值具體化以消除雜音。

（注意②）對方注意力逐漸渙散時的因應之道

最後要介紹我經常使用的輸出祕技，特別是在「說話的場面」。

因為職業的關係，我每天要花很多時間說話，從連續數小時的進修講座到一小時左右的演講、三十分鐘左右的商談等。

而有個幾乎每天都得面對的問題，就是聽的人注意力不持久。由於我一年上台演講一百多次，很習慣講話，也自認有吸引聽眾的技巧，但事情可沒那麼簡單。

在我以為「好！今天的簡報搞定！講得好極了！」感覺暢快、很有成就感之後，環顧會場

（遠端視訊的螢幕）卻發現，有人昏昏欲睡，有人低著頭飛快動著大拇指，有人的肚子咕嚕咕嚕地叫，或許是餓了吧？甚至有人三番五次調整坐姿，淒慘的景象在眼前展開。

自以為輸出得很順利，便沉浸在個人的滿足感中的話，不會取得任何成果。因為這裡有個陷阱。

聽眾這方有各種各樣的「雜訊」干擾，如睡意、智慧型手機的通知鈴聲、肚子餓、不好坐的椅子等。怎樣才能稍微抵抗「雜訊」傳達你想傳達的訊息呢？我要介紹兩個不受雜訊干擾的傳達方法。

首先介紹的是「**耳語策略**」。

我覺得人的心理很有趣的一點是，在公司大家都呼籲「讓我們根據事實、合乎邏輯地說話」及邏輯思維的重要性，可是當你用「在我個人看來」或「這話只在這裡說」鋪陳時，就連昏昏欲睡的人也會突然向前探身聽你說。

就算資訊整理得井井有條，講得頭頭是道，聽的人恐怕也是右耳進左耳出。然而當一個原本在說理的人突然以個人論點談他的主觀意見時，大家似乎就聽得進去。

兩種能抵抗雜音的傳達方法

耳語策略

掀桌法

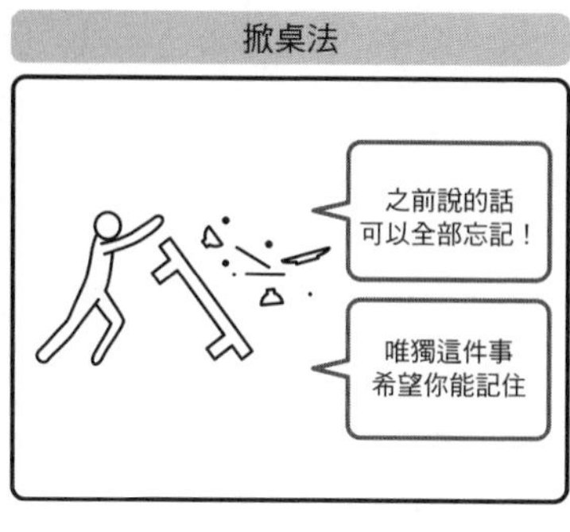

在我的假設裡，我一直認為**每個人的秉性多少都有點猥褻成分，出於窺視的心理，對「在我個人看來」、「這話只在這裡說」很敏感**。

而且，即使在此之前說話很大聲，**唯獨這部分刻意用「講悄悄話的音調」小聲說**。這麼一來，私事或非正式的談話就會聽來更加神祕，使對方恢復專注力。

輸出時**連發聲方式、遣詞用字都「花時間琢磨」**，**可以避免你想傳達的訊息受對方擺脫不了的雜音干擾**。

另一個方法是「**掀桌法**」。

這是一九九六年左右的事。當時在社會上還不算有名的孫正義（軟體銀行創辦人）來我受訓的創業培訓班授課。孫先生在授課結束時說的話令我非常吃驚。

「你們聽好了！我在這裡所講的內容你們可以全部忘記。可是，最後有一件事希望你們一定要記住。如果找到能讓自己打心底認同：『我願意為它豁出性命！』的商業主題，等於已經成功了百分之九十！」

他突然推翻前言，讓自己的信念確實烙印在別人腦中。以至於二十五年後的今天，我仍然鮮明記著他說的話，孫先生的輸出方法無疑是成功的。

老實說，我也會把這套模式借來加以活用。

即便是我的講座，講到最後階段一定也會有人覺得快結束了便開始坐不住，被內在雜音所影響。此時，我會像孫先生那樣一鼓作氣掀倒桌子。

和「耳語策略」完全相反，把音量拉到最大，慷慨陳詞。講完後一問學員，發現似乎整場講座就屬這時說的話最令學員印象深刻。

如果能讓各位認識到**用最少的資訊獲得最大效果需要「多花一些工夫」**，那就太好了。

利用「耳語」、「掀桌」來吸引人。

第 5 章

遠離雜訊的技術

1

工作的成果取決於你把注意力放在哪裡

到目前為止所談的內容各位覺得如何？

本書終於來到最後一章。在此我有個請求。

前面所談的全部忘記也沒關係，唯獨本章的內容請各位務必熟讀，並記在腦中某個角落（「掀桌法」）。

因為這將是各位在這資訊過剩且複雜化的時代中存活的準則。

首先，為了擺脫雜訊要**改變平時的「心態」**。

我們**在運用資訊時，要假設自己會遭遇「量的誘惑」和「新的誘惑」襲擊**。

當取得大量的資訊時，我們會因為滿足了求知欲而感到「興奮和自信」。

此外，當手裡有的資訊增加，在缺乏資訊陷入困難時也可以消除不安。因而我們會想要

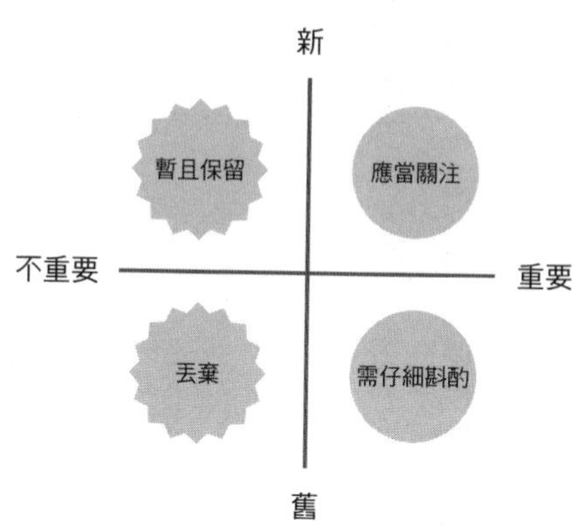

「更多、更多」，無止盡地收集資訊。由於網路上有許多免費的資訊，如果放任不管會永無止盡地收集。

這就是「**量的誘惑**」。正如我先前所說的，必須要留意就算收集龐大的量，但如果內含許多不必要的訊息當然不會帶來成果。

此外，當我們認識新的資訊，會因為「新鮮感」而嘗到「知識的快感」。

因此也存在「反射神經」敏銳到只關注新穎資訊的風險。這就是「**新的誘惑**」。

不過要小心，新的資訊為避免被其他資訊淹沒，可能會有點誇大其實，或是為了更容易吸引人注意而經過巧妙的潤飾。另外，也存在一些只是將極端言論包裝得看似合理的資訊。

很新不表示一定是能帶來成果的重要資訊，因此有必要暫且**將「新的資訊」和「重要的資訊」切割，冷靜地判斷**。

當然，「很新但不重要的資訊」有時也會隨著情勢改變而變得「重要」，所以當下先將它視為不必要的訊息予以保留吧。

至少務必要小心，不要因為「新」便馬上認為它「很重要」。不論輸入、輸出都一樣。

也就是說，平時就**強烈意識到「注意力要放在哪裡」，並不忘再次確認很重要**。

比方說，記下自己「目前關心的主題」、「工作要達到的目標」、「構思中的假設」、「自己的領域」是什麼，然後定期回顧等這些都請在每天的生活中實踐。

順應新的資訊固然重要，但不受資訊擺布，清楚知道「注意力要放在哪裡＝重心軸」更加重要。理解「量和新」這兩個誘惑，並從平時就要強化重心軸。這是擺脫雜訊必須具備的思維。

「人生並不複雜，複雜的是我們」（奧斯卡・王爾德／詩人、劇作家）

這是我很喜歡的一句話。

即使在資訊運用上，「注意力放在哪裡」——你所持立場，將決定你是否淪為「雜訊的奴隸」，或是能簡單地掌握資訊，擺脫雜訊的束縛。

要時時回頭審視「注意力放在哪裡」。

重視通用性資訊

要不受資訊的新穎度擺布，該怎麼做才好呢？

除了經常回頭審視「注意力放在哪裡」之外，再介紹一種我自己的「自主訓練方法」。

那就是**重視通用性資訊**。

所謂的「通用性資訊」是指**無關資訊的新穎度，任何時代都有意義的基本資訊**。

比方說，假設你取得「一九〇三年，金・坎普・吉列推出世界上第一款可更換刀片的安全刮鬍刀（吉列公司）」這樣的資訊。

這是相當舊的資訊，因此乍看似乎與目前的工作無關對吧？然而，當你深入了解這則資訊時，發現它不僅限於將可更換刀片的刮鬍刀商品化的訊息，還可理解它所使用的商業模式：「把刮鬍刀的售價壓低到等於贈送來讓它普及，然後靠耗材的刀片獲取利潤」。

這時你細想一下就會發覺，現代也有類似的商業模式。

例如：以低廉價格推廣印表機的主機，再靠原廠墨水匣獲取高額收益的印表機製造廠；免費出借咖啡機給企業，靠咖啡膠囊創造高獲利的食品公司；不靠醫療檢驗儀器與人競爭，而靠試劑和支援服務賺取高額利潤的醫療檢驗設備公司。於是領會到，「即使收益性下降也要用低價讓商品普及，之後再回收利潤」的結構，是過去和現在都不變的通用性資訊。

如上述般，**與資訊相關的整體情勢雖已過時，但就結構來說現在仍能加以運用的**，就稱為「通用性資訊」。不能簡單地斷定「新＝重要」、「舊＝不重要」。為防止武斷，我一直很重視兩種觀點。

第一種是利用「**架構**」捕捉資訊本質（結構）。

所謂的「架構」就是**整理資訊用的「框架」或「模式」**。

比如前面章節所介紹的「SDS法」、「PREP法」，或者是「PDCA」、「5W1H」等，即便只記住幾個工作上經常使用的代表性架構也會很方便。

應用架構去思考，可以看清資訊有著什麼樣的結構，而不會被資訊的新或舊影響。

前人設計出用以有效整理資訊的模式，至今未被淘汰，也證明了它的通用性。應用架構時，請檢查結構是否相同（不過，架構的有效利用度會隨著時代和情況而改變，讓我們把它當作一個概略的指標，而非絕對的標準吧）。

第二個是**向歷史學習**。

正如有句話說：「**歷史會不斷重演**」，藉由查看過去的歷史，探究現在的新資訊是沿著怎樣的路徑發展？會和過去一樣嗎？沒有從過去借鏡之處嗎？等等，尋找連結過去和現在普遍適用的線索。畢竟，到頭來「人」的行為和心理，過去和現在並沒有太大的不同。

比方說，一般認為無論古今東西，泡沫經濟及其破滅的過程以同樣的方式不斷上演著，因此在股價飆漲和經濟大恐慌時期，過去的資訊也會成為重要的教訓。

新冠疫情肆虐，使得鼠疫大流行時代的資訊被大書特書。

不但如此，《瘟疫》（卡繆著）這本小說也突然成了暢銷書。初版為一九四七年，日文譯本的初版也是在一九五〇年左右發行，所以是大約七十年前的書。

我們可以說，都是七十年前的作品了，所以書中記載的訊息便不重要嗎？

絕非如此。到頭來，抑制唾液飛濺、隔離的重要性，在這次的新冠疫情中依然沒有改變。

也就是說，像這樣**檢視過時資訊中是否存在與現在相通的結構**，而不是單憑時間序列的「新、舊」來劃分資訊，這種**對資訊通用性的理解力至關重要**（因科技的發展，過去的資訊有可能完全不具意義，所以讓我們只就結構上類似之處或教訓的意義層面來辨別資訊）。

不要被新的資訊操弄。

3

頂尖人士為何能遠離雜訊？

談完擺脫雜訊的基本思維之後，接著要談的是「打造沒有雜訊的環境」。

我的客戶中取得優異成績的人，和成就大業的世界一流人士都有個共同點，就是自己打造「不受雜訊影響的環境」。

我意識到「沒有雜訊環境」的重要性是大約十年前的事。

起因是我對某位人物的生活方式感到十分驚訝。那人就是微軟的創辦人比爾・蓋茲。他不僅連續多年蟬聯富豪排行榜第一名，並透過軟體創造機會，將個人電腦推廣到全世界，現在則以慈善家的身分在面對貧窮和傳染病的問題。

這樣的他，據說有個從一九八〇年代一直維持至今的習慣叫「Think Week（思考週）」，每半年一次徹底遠離平時的業務，到山裡隱居整整一週，在徹底斷絕雜訊的狀態下進行思索。

連親密的助理和家人都難以取得聯繫，而且，每次讀了平時無暇閱讀的書和論文便深入思索，一深入思索便開始梳理腦中的想法，作為新發展的創意來源。

這與休假不同，是種**「策略性的時間利用方式」，藉由徹底斷絕雜訊來確保高品質的輸入，同時為今後的輸出建立假設、梳理想法**。

能夠有時間和機會安排「Think Week（思考週）」的人也許沒這麼多。不過，正因為帶著強烈的意識斷絕雜訊，其產出才能改變世界。

除了比爾・蓋茲之外，其他頂尖人士似乎也對在毫無雜訊的環境裡進行高品質的輸入、整理並準備輸出情有獨鍾。而且是獨自一人。

商業管理學博士彼得・杜拉克留給我們這樣一段話：「重點不是把時間計畫表填滿，而是能留下多少空白。每天都要撥出兩小時面對自己並思考自己。」

此外，SONY前董事長出井伸之在著作中也談到：「日本的職場人極度缺乏一樣東西。那就是一人獨處仔細思索的時間。應該強制撥出公司和家庭以外的第三類時間」（出井伸之《持續改變》鑽石社，二〇一五年，書名暫譯）。廣告文宣作家，同時也是「HOBONICHI」社長的糸井重里以前在專訪中說過：「一個人的時間加總起來造就了自己。HOBONICHI手札不是用來管理約會，而是能與自己面對面的手札。能夠獨處的時間決定了我這個人，是我活著的時間。」

由此可以窺知他多麼重視斷絕雜訊的習慣，甚至是遠離家人一人獨處。

新冠疫情肆虐以來，雖說從媒體放出的資訊垃圾多到滿出來，但同時或許有人因而得以擺脫密集狀態，在物理上、空間上與人保持距離。

其實，一六〇〇年代推動世界前進的人物也遇到同樣的情況。就是發現萬有引力定律的艾薩克・牛頓。有個著名的小故事說，他是看到蘋果從樹上掉下來才引發了靈感。

牛頓是在鼠疫大流行（就像現在所說的新冠疫情那樣的世界大流行）的年代度過他的研究員生涯。據說，當時歐洲有三分之一的人口死於鼠疫，情況十分嚴峻。牛頓過著研究生活的劍橋大學也受到影響而被關閉，因此一六六五年到一六六六年期間，他兩度從學院的雜務中解脫出來，返回家鄉伍爾索普。

於是他開始過著自律的生活。

然而，這即是所謂的「因禍得福」，就結果來看，他從一切的雜訊中得到釋放，獲得自由思索的時間，此時所花費的時間對他日後無數的偉大成就很有幫助。據說，後來牛頓將這段期間取名為「**創造性休假**」。

為了在工作上取得成果，關鍵在於平時就撥出一段時間，或是打造一個空間，切斷包含資訊在內的所有雜訊。

切斷雜訊要從「打造環境」開始。

如何利用遠離雜訊的時間

你是否曾經一有時間就不知不覺滑起手機？

而且，一旦滑到與工作無關的資訊就完了。廣告、相關連結、推薦網站等，來自網路的訊息一個接一個追著你不放。在你這樣做的過程中，時間流逝，腦袋也滿是雜訊。

其實這就是建立「**斷絕雜訊**」習慣前的我。

除非你擁有強烈的意識並**有方法「預防」雜訊**，否則你也會變得像以前的我一樣。這裡我要來談談擺脫雜訊的預防對策。

在思考如何去除之前，難道不能一開始就「防止」雜訊發生嗎？

意識到問題的我想到的方法是，應用「**番茄鐘工作法（Pomodoro Technique）**」。

這是一九八〇年代法蘭西斯科・西里洛所開發的方法。Pomodoro在義大利語中意指番

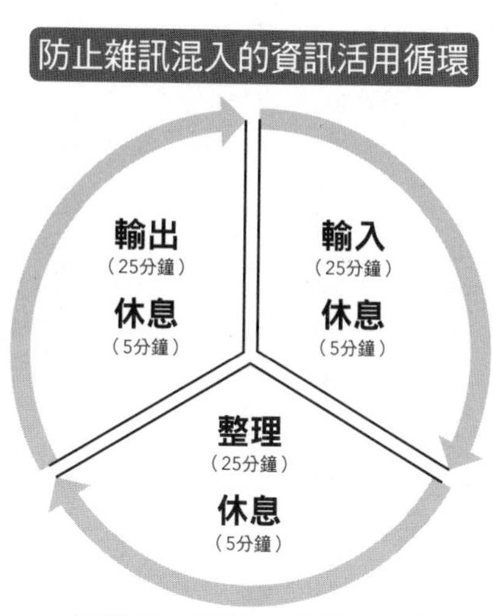

茄，此名稱原本的意思是「使用番茄造型計時器的時間管理術」。

設定**「工作二十五分鐘＋休息五分鐘」為一個循環**，一天內重複多次這個循環。據說這樣搭配最能集中精神並取得成果。

我應用番茄鐘工作法，按照本書的內容，讓工作依「輸入↓整理↓輸出」的順序快速轉動。

這意味著扣除休息時間，一個主題的實際「資訊活用時間」是「七十五分鐘」。

你可能會詫異：「一項作業只能用二十五分鐘？」的確，二十五分鐘非常短，多半輸入不完。

不過，刻意在這裡先打住可以防止雜訊混入，並思考如何用手上的資訊做最大輸出。假使時間實在不夠，就利用第二個循環填補不足之處。

若非如此，就會在輸入到輸出的某個地方耗費過多時間，因而給了雜訊可趁之機。

這個想法就是**設下「時間限制」以防止雜訊混入**。

設時間限制有三個優點：

①**專注力得到發揮**；②**鎖定重要的事**；③**效率提升**。

一九五八年，英國歷史學家暨政治學家西里爾・諾斯古德・帕金森提出「帕金森定律」——「**無論給再多時間，人們總是會用光**」。

換句話說，**如果不刻意限制時間，人們就會拖拖拉拉導致時間不斷增加，使雜訊有縫隙可以混入**。

我在本書中提過「搜尋限十分鐘」的規定，這同樣是**活用限制效果**的一種方式。

設時間限制可防止雜訊混入。

挑戰看看「資訊斷食」

即使帶著防止雜訊的強烈意識打造環境，但在資訊過剩的時代確實有其極限。各種各樣的資訊從智慧型手機、電視螢幕，甚至從電車內的車廂顯示螢幕滲漏。

與現在負責的案子毫無關聯也不太可能用到的「不重要資訊」，自然而然被輸入腦中。

而且，明明已經簡單整理完邏輯，但腦中依然留有許多雜音，結果輸出時怕有遺漏而放入太多內容，使得主軸失焦。

該怎麼做才能避免陷入這樣的情況呢？

我的最終結論就是簡單。

最後是**要定期「排毒」，「除掉」自己內在的雜音**。

切斷訊息，而能**保有獨自一人「整理腦中想法，面對自己內在的時間」**。這想法和前面提

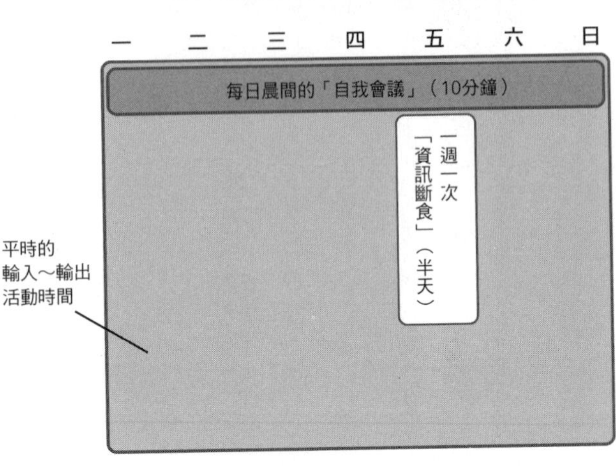

到的比爾・蓋茲的「Think Week（思考週）」一樣，對吧？

我建立的習慣是「**一週一天有較長的時間不碰觸資訊**」，加上「**每天關閉訊息十分鐘，並打開筆記本**」的雙層結構。

以前有一本暢銷書是《「空腹」才是最厲害的解藥》（ASCOM，青木厚著，書名暫譯）。簡單說，這本書的內容就是「飲食過量不好，因此斷食半天有益身體健康」之類的。

我讀了這本書並身體力行，結果身體變輕盈，每天活動起來都很舒暢，於是便在「如果把『半日斷食理論』應用在資訊活用上會怎麼樣呢？」的假設下進行嘗試。

假設我醒著的時間有十六個小時，那麼半天

就是八小時。一週一天，早上九點到下午五點切斷智慧型手機、電視、電腦等的一切訊息。

工作上盡可能斷絕數位資訊，例如：使用手寫的筆記本。並不是說傳統管道的資訊品質就一定好，但與數位資訊相比，數量確實受到極大限制。

我一開始設定週一為資訊斷食日，但週一要回覆的電子郵件及其他工作很多，現實上執行有困難。

於是改設在週五，當作進入週末休假前的重新開機。

有些人會結合週三不加班日，設在一週中間的週三，也很好。

利用半天的資訊斷食讓頭腦休息後，接著我繼續每天十分鐘切斷一切訊息。連智慧型手機原本就轉為震動模式的通知也關閉。**關閉電源或切換成飛航模式，但是打開筆記本**。

打開筆記本後，我會思考「現在感興趣的主題」、「工作上希望達到的目標」、「構思中的假設」、「自己的研究領域」，從工作、自己的人生規畫、職涯到私生活，先把腦中的想法寫下來。光是寫下來，思緒就會得到梳理，使內心平靜。這是因為書寫會讓精神集中，使雜訊從腦中和心中溜走，在正念的世界甚至有「寫作冥想（Journaling）」之稱。

我一直提倡「自我會議」，即獨自面對自己，整理想法和心情的時間，詳細內容請見《每天十分鐘一個人開會》（WAVE出版，鈴木進介著，書名暫譯）。

平常我在工作時總是電腦加智慧型手機，旁邊再放一本筆記本，所以如果不強制進行資訊排毒，會滿是垃圾訊息，甚至感覺有降低工作表現的危險。

當然，如何根據工作情況將資訊斷食和自我會議排進時間表確實需要花點心思，但應該可以透過提前安排來慢慢養成習慣。

去除雜訊，面對自己的內在，同時「**自己在腦中想像**」、「**自己認真思索**」。

我不禁覺得，**能夠不為雜訊左右「重拾自我風格」，不僅是資訊活用，也是要在今後紛亂的時代中存活的必備技能**。

將「資訊斷食」排入時間表中。

結語

非常感謝各位讀到這裡。

坦白說，我原本不想寫這本書。

因為這會完全揭露我腦中所思所想和企業機密。

不過，在我開始寫作的二〇二一年，在新冠疫情中因無法正確使用資訊而手足無措、被資訊擺布的人不斷增加，部分地區甚至出現分裂的情況。

社會再這樣下去真的好嗎？

這是我們要留給下一代的社會嗎？

正當我內在的問題意識逐漸湧現時，遇到了負責本書的明日香出版社編輯。然後，我就被「我們無論在學校或是公司都沒有機會學習有效利用資訊的方法論，而這是在此刻這樣紛亂的情勢下更需要具備的能力」這席話給觸動，開始寫作本書。

我有思考整理家®之稱，平時透過進修講座和提供諮詢，幫助企業和個人保持頭腦清晰，以將獨特性和自我風格發揮到極致。

在這樣的日子裡，我一直遇到的阻礙就是資訊過剩。自新冠疫情以來，我的客戶們對於未來不可預測的情勢愈來愈感焦慮和不安，因而深陷資訊超量過載的情況也逐漸增加。

這樣下去不僅會降低生產力，而且人們的壓力上升，社會走向分裂，是很危險的情況。現在正是我們應當抵制並對抗資訊過剩的時候。

於是我的心意更加堅定，就這樣持續寫到最後。

聽說諾貝爾文學獎得主海明威，在半個多世紀前留下這麼一段話：「每個人最好都在自己的腦袋裡安裝一台廢物自動偵測機」。

為了要寫什麼、如何描寫經常絞盡腦汁的作家，對清除資訊和腦中廢物（雜訊）的意識應該很強烈吧。

我寫本書的目的也是要送你一台「自動偵測機」，以便能濾除雜訊，篩選出優質的資訊。

不同的讀者，工作的情況和心境也各不相同。儘管如此，我仍然設想了每個人至少會遇到一次的場景，將重點告訴各位。

我衷心希望本書能幫助你在工作上無壓力地取得成果。

由衷感謝能透過本書與您結緣。

並期待著有一天能見面。

謝謝您。

2022年1月

鈴木進介

〔著者〕

鈴木進介

思考整理家®
羅盤股份有限公司董事長。
憑藉個人獨特的「思考整理術」，以人才教育培訓師暨管理諮詢顧問的身分從事活動。
大學畢業後，先後任職於資訊科技公司與商社，25歲時創業。從「沒資金、沒人脈、沒技術」的三重困境中白手起家，因此度過3年多收入不穩定且挫折不斷的生活。
後來發現「只要整理腦中想法，九成的問題都能解決」，從而對思考整理術開竅。此後花費超過10年的時間獨自不斷研究，並建立一套體系。
關於「思考整理術」的演講、專題講座、研習活動的聽講學員人數全日本累計超過3萬人，年營收成長10倍的公司、準備要上市的企業主、想轉換跑道或創業的學員等，相繼來參加。
被客戶譽為「思考整理家」，其透過個人獨特的資訊活用技術來解決問題的觀點和建議獲得壓倒性的支持。
此外還參與廣播、電視節目的錄製，努力筆耕，著有《思考更要斷捨離：1分鐘丟掉紛亂思緒，贏回犀利頭腦》（究竟出版）、《一本筆記讓工作相差十倍》（書名暫譯，明日香出版社）等12本書，累計銷售超過14萬冊。

◆作者個人網頁
http://www.suzukishinsuke.com

雜訊時代的高效資料整理術
精準掌握二成黃金資訊的39個法則

2022年10月1日初版第一刷發行

著　　者　鈴木進介
譯　　者　鍾嘉惠
副 主 編　劉皓如
特約美編　鄭佳容
發 行 人　南部裕
發 行 所　台灣東販股份有限公司
　　　　　<地址>台北市南京東路4段130號2F-1
　　　　　<電話>(02)2577-8878
　　　　　<傳真>(02)2577-8896
　　　　　<網址>http://www.tohan.com.tw
郵撥帳號　1405049-4
法律顧問　蕭雄淋律師
總 經 銷　聯合發行股份有限公司
　　　　　<電話>(02)2917-8022

國家圖書館出版品預行編目(CIP)資料

雜訊時代的高效資料整理術：精準掌握二成黃金資訊的39個法則/鈴木進介著；鍾嘉惠譯. -- 初版. -- 臺北市：臺灣東販股份有限公司, 2022.10
192面；14.7×21公分
ISBN 978-626-329-463-9(平裝)

1.CST: 資訊科學 2.CST: 資訊管理

028　　111013947